गुमशुदा

BY

मृगांजली शर्मा

INDIA • SINGAPORE • MALAYSIA

Notion Press

No.8, 3rd Cross Street,
CIT Colony, Mylapore,
Chennai, Tamil Nadu – 600004
First Published by Notion Press 2020

ISBN 978-1-63633-569-8

अस्वीकरण: इस किताब में लिखी गई सभी बातें काल्पनिक है और पाठकों के मनोरंजन के लिए लिखी गई है। लेखिका का उद्देश्य किसी भी तरह के अंध विश्वास को बढावा देना नहीं है ।

Disclaimer: All the things written in this book are imaginary and written for the entertainment of the readers. The purpose of the writer is not to promote any kind of blind faith.

अनुक्रमणिका

आभार

मैं अपने पति हरीश शर्मा का धन्यवाद करना चाहती हूँ जिन्होंने मेरा मुश्किलों में साथ दिया। मेरा मार्गदर्शन किया और इस किताब को पूरा करने में मेरा सहयोग किया।

मैं मेरे माता-पिता, भाई-बहन और परिवार की आभारी हूँ उनका आशीर्वाद और प्यार हमेशा मेरे साथ रहा।

मेरे प्यारे बच्चे आर्य और समर जिन्होंने किताब लिखते हुए मुझे सहयोग दिया।

मैं मेरी सहयोगी निधि गुप्ता का भी धन्यवाद करना चाहती हूँ जिन्होंने व्यस्त जीवनशैली से समय निकाल कर मेरे इस किताब के लिए स्केचेज बनाये।

और आख़िर में मैं उन पाठकों की भी आभारी हूँ जिन्होंने मेरी पहली किताब 'क्षितिज' को पढ़ा और सराहा जिससे मुझे मेरी दूसरी किताब 'गुमशुदा' लिखने के लिए प्रेरणा मिली।

धन्यवाद

समर्पण

मैं यह किताब उन प्रेमियों को समर्पित करना चाहती हूँ जिन्हें उनका प्रेम ना मिल पाया।

मैं यह किताब उन प्रेमियों को भी समर्पित करना चाहती हूँ जिन्होंने जमानेभर की लाख मुश्किलों को पार कर अपने प्रेम को पाने में सफलता हासिल की है।

सच्चा प्यार बड़े ही नसीब से मिलता है। वह ईश्वर का आशीष है।

शाम

शाम हो चली है,
सूरज डूब रहा है दूर कहीं।
तेरी यादें घिर के आयी,
ना चाहते हुए भी।
क्यूँ आते हो तुम याद
सब खत्म तो हो गया है
ये अंश तुम्हारी यादों के फिर भी,
ना जाने क्यूँ पीछा
नहीं छोड़ते हैं।
खाई है कसम मैंने,
नहीं याद करूँगी कभी तुम्हें
पर फिर भी अपनी ही
कसम तोड़ने को आज ये मन
क्यूँ करता है।
चिराग जल रहे हर जगह,
फिर भी मन में क्यूँ
अँधकार है।
जानती हूँ ना मिल पायेंगे कभी,
फिर भी तुमसे मिलने की
क्यूँ मन को एक आस है।
मृगांजली

गुमशुदा 1

ओस की बूँदों की तरह नाजुक थी वह। फूलों की पंखुड़ियों की तरह कोमल, खुशमिज़ाज़ हँसती, खेलती तितलियों की तरह सुबह की खिलती हुई धूप की तरह चमचमाती सी। सुनहरी हँसी लिए हर जगह खुशहाली बिखेरती आभा।

यह कहानी **'आभा'** की है।

आभा जिसने 'समय' से इतना प्यार किया पर समय ने, बदले में उसे क्या दिया। दूरियाँ, तनहाईं, जुदाई का दर्द। ऐसा दर्द जिसे वह मरते दम तक सहती रही। पर क्या वाकई में समय उसे कभी छोड़ कर गया था? क्या कभी समय आभा को छोड़कर जा सकता था?या फिर वह वही था आभा के आस-पास हमेशा हमेशा।

बात कुछ साल पहले की है। आभा की स्कूटर सिग्नल पर रूकी, वह बार-बार अपने कलाई पर बंधी घड़ी को देख रही थी। जैसे ही सिग्नल छुटा, आभा ने गाड़ी तेज चलाई। वह चाहती थी कि जल्दी ही कॉलेज पहुंच जाये। दरअसल आभा कॉलेज के लिए लेट हो गई थी। जल्दी-जल्दी में उसने अपनी स्कूटर निकाली और कॉलेज की तरफ निकल पड़ी थी। वह अपना खाने का डिब्बा घर पर ही भूल गई तो माँ ने उसे दरवाजे से ही आवाज़ लगाई, 'अरे ओ आभा! अपना लंच तो लेती जाओ' पर आभा ने नहीं सुना। उसे तो बस! जल्दी से कॉलेज पहुंचना था।

जल्दबाजी में मोड़ पर, बाजु से आती गाड़ी को आभा ने नहीं देखा। आभा की स्कूटर किसी कार से जोर से टकराई। टक्कर इतनी जोर से हुई कि आभा दूर जा गिरी।

बेहोश होने से पहले आभा ने अपने आस-पास काफी भीड़ महसूस की। पर एक परछाई थी जो उसके एकदम करीब थी। उसे सहारा देने के लिए मानो वह आभा के पास आ रही हो। फिर आभा की आँखों के सामने अंधेरा छा गया, वह बेहोश हो गई।

आभा का एक्सीडेंट हो कर दो दिन गुजर चुके थे पर उसे अभी भी होश नहीं आया था। डॉक्टर्स ने काफी टेस्ट कराये तो पता चला

आभा के दिमाग में खून जमा होने की वजह से छोटा सा थक्का बन गया था।

'आभा का ऑपरेशन करना पड़ेगा तभी आगे का बता पायेंगे', डॉक्टर ने कहा।

घरवाले बहुत डर गये थे। आभा के बचने की संभावना पचास प्रतिशत थी फिर भी हिम्मत करके घरवालों ने उसका ऑपरेशन कराया।

ऑपरेशन के कुछ दिन बाद आभा को एक शाम होश आया। धीरे-धीरे अपनी आँखों को खोलते हुए उसने देखा। वही परछाई बगल में आ कर खड़ी थी जो आभा के बेहोश होने से पहले उसे नज़र आयी थी।

'यह लड़का कौन है? यह यहाँ क्या कर रहा है?' आभा सोच कर परेशान हो गई। किसी के कदमों की आहट सुनी तो वह लड़का कमरे से बाहर की तरफ चला गया।

आभा के माँ-पापा कमरे में आये। वह अपनी बेटी को होश में आता देख बहुत खुश हुए। 'माँ मैं कहाँ हूँ?' आभा को उस के साथ क्या हुआ था कुछ भी समझ नहीं आ रहा था।

'आभा' तुम्हारा एक्सीडेंट हो गया था बेटा, तुम हॉस्पिटल में हो' पापा ने आभा का हाथ थामते हुए कहा। 'मैं यहाँ कैसे पहुँची?' आभा ने माँ की तरफ देखते हुए पूछा। 'कुछ लोग तुम्हें यहाँ ले आये।' तुम्हारे कॉलेज के आइडेंटी कार्ड पर से उन्होंने पापा का नंबर मिलाया और हमें खबर दी' माँ ने अपने आंसू पोंछते हुए कहा।

'अब तुम आराम करो, सब ठीक है। मैं हूँ तुम्हारे पास' माँ ने आभा से कहा।

'वह लड़का कौन था जो मेरे पास खड़ा था?' आभा ने पूछा।

'लड़का? यहाँ तो कोई भी नहीं था आभा' माँ ने अचंभित होकर कहा।

'नहीं....यहाँ एक लड़का था। आप लोग अंदर आये उससे पहले वह बाहर चला गया' आभा ने जोर देते हुए कहा।

'नहीं बेटा, यहाँ कोई भी नहीं था' फिर भी मैं नर्स से पूछती हूँ। माँ ने आभा को दिलासा देते हुए कहा। 'चलो! अब आराम करो' कहकर माँ आभा की पास वाली कुर्सी पर बैठ गई।

आभा मन में सोचने लगी 'कोई तो था यहाँ, एक लड़का। मुझे याद है यह वही लड़का है जिसे मैंने बेहोश होने से पहले अपने पास देखा था। एक धुंधली सी परछाई थी।

मुझे यकीन है यह वही है जिसने मुझे सहारा दिया था। क्या वह मुझे यहाँ लेकर आया है? अगर ऐसा है तो मुझे उसे 'थैंक्स' कहना चाहिए। आभा सोच ही रही थी तभी वहाँ डॉक्टर आ गये। आभा को देखने के बाद बोले, 'आभा तुम एक फाईटर हो।

इतने बड़े एक्सीडेंट से तुम बच गई, तुम वाकई में लकी हो। अब आगे से ध्यान रखना' कहकर डॉक्टर आभा के पापा की तरफ

मुड़े। 'आभा के कुछ और टेस्ट कराने पड़ेंगे उसके बाद ही इसकी आगे की स्थिति के बारे में बता सकेंगे' डॉक्टर ने पापा से कहा।

आभा के कुछ और टेस्ट कराये गये। सब नॉरमल लग रहा था तो डॉक्टर ने उसे कुछ और दिन हॉस्पिटल में रखने के बाद घर जा सकने की बात कही। आभा की माँ बहुत खुश थी।

'कैसी हो आभा? किसी की आवाज़ आभा के कानों में पड़ी तो उसने अपनी आँखें खोली। आभा ने अपने सामने उसी लड़के को देखा जो कुछ दिनों पहले आभा के होश में आने के बाद, उसके पास खड़ा था। गेहुँआ रंग, काली आँखें, प्यारा सा चेहरा। कुछ बीस... पच्चीस साल का लग रहा था।

'कौन हो तुम? आभा ने उससे पूछा। 'मेरा नाम समय है' लड़के ने कहा। 'क्या तुम वही हो जिसने मुझे सहारा दिया था, मेरे बेहोश होने से पहले?' आभा ने समय से पूछा' 'हाँ मैं वही हूँ, समय ने जवाब दिया। 'क्या तुम मुझे यहाँ लेकर आये हो? आभा ने समय से फिर से सवाल किया।

'नहीं! मैं तुम्हें यहाँ लेकर नहीं आया पर मैं कुछ दिन पहले तुम से मिलने यहाँ आया था' समय ने कहा। 'फिर तुम बात किये बगैर ही क्यूँ चले गये? आभा ने पूछा।

'मैं वो बस! किसी की आहट सुन मैंने सोचा कि मैं तुमसे बाद में मिल लूँगा' समय ने जवाब दिया।

'अब कैसा लग रहा है तुम्हें?' मैंने डॉक्टर को तुम्हारे पापा से कहते सुना कि तुम जल्द ही घर जा सकती हो, सुनके मुझे खुशी हुई' समय ने आभा की तरफ मुस्कुराकर देखते हुए कहा।

'तुम क्यूँ इतनी तकलीफ़ कर रहे हो मेरे लिए' आभा को समय का उस से मिलने आना थोड़ा अटपटा सा लगा। 'कोई बात नहीं

इसमें क्या तकलीफ है? मुझे तुम्हारी चिंता हो रही थी' समय ने कहा। आभा को समय की बाते सुनकर अच्छा लगा। पता नहीं क्यूँ पर समय को उसके लिए फ़िक्र करता देख आभा को एक सुकून सा महसूस हुआ।

'अच्छा! मैं अब चलता हूँ। क्या मैं कल तुमसे मिलने फिर से आ सकता हूँ? समय ने हिचकिचाते हुए पूछा।

'हाँ। क्यूँ नहीं? वैसे भी मैं यहाँ अकेले बोर हो जाती हूँ। तुम से बात करके अच्छा लगा' आभा ने समय से मुस्कुराकर कहा।

'अलविदा' कह कर समय वहाँ से चला गया।

'किस से बात कर रही थी आभा? माँ ने कमरे में आते हुए पूछा। 'माँ, वो समय आया था मुझसे मिलने। मेरा हाल जानना चाह रहा था।' आभा ने जवाब दिया। 'कौन समय? यहाँ तो कोई भी नहीं है' माँ ने थोड़ा परेशान होते हुए कहा।

'वो अब चला गया माँ। समय वही लड़का है जिसने एक्सीडेंट के वक़्त मेरी मदद की थी' आभा ने अपनी बात पूरी की। 'पर बेटा मैं तो इसी दरवाजे से अंदर आयी हूँ मैंने तो उसे नहीं देखा' माँ ने बड़ी हैरानी से कहा। मैंने कहा न माँ, वो तब तक चला गया था' आभा अपनी बात पर जोर देकर कह रही थी।

'अच्छा बाबा ठीक है, अगर वह फिर से आये तो मुझे भी उससे मिलवाना। उसे धन्यवाद जो कहना है' माँ ने मुस्कुराकर कहा।

आभा की माँ आभा के कमरे के बाहर आकर बैठी थी और पापा दवाईयाँ लाने दवाईयों की दुकान गये थे। एक औरत आभा की माँ के बगल में आकर बैठ गई। 'क्या हुआ है आप की बेटी को?' उस औरत ने पूछा। 'उसका एक्सीडेंट हुआ था कुछ दिन पहले, वह अब ठीक है। डॉक्टर कहते हैं जल्द ही उसे घर ले जा सकेंगे।' आभा

की माँ ने उस औरत से कहा। 'सुना है, आप की बेटी का बहुत ही बड़ा एक्सीडेंट हुआ था, भगवान की दया से बच गई' वह औरत कहती रही। 'मैंने तो यह भी सुना है, जिस जगह आप की बेटी का अपघात हुआ था उसी जगह पहले भी कई बार इस तरह के अपघात हुए है और काफी लोगो की उसमें मौत भी हुई है। और तो और मैंने यह भी सुना है कि आपकी बेटी का जिस कार के साथ एक्सीडेंट हुआ था वह कार पेड़ से जा टकराई और जो कार चला रहा था वह आदमी मारा गया' वह औरत बस बोलती ही चली गई।

आभा के पापा वापस आ गये थे और वह खड़े खड़े आभा की माँ और उस औरत की बाते सुन रहे थे। आभा की माँ को चिंता में देख उन्होंने कहा' आभा की माँ, चलो यहाँ से इस तरह की बातों पर तुम ध्यान मत दो' तो वह वहाँ से उठ आभा के कमरे में चली गयी।

आभा के पापा को उस औरत की बात बिल्कुल पसंद नहीं आयी थी और वो चाहते थे कि आभा की माँ इन जैसी बातों पर ध्यान न दे। इसलिए उन्होंने बड़ी ही बेरूखी से बात की थी।

गुमशुदा 2

'आभा' समय की आवाज से आभा निंद से जाग गयी। 'अरे' तुम कब आये? आभा ने चौंकते हुए पूछा। 'अभी अभी आया हूँ। कैसी तबियत है अब तुम्हारी?' समय ने कुर्सी पर बैठते हुए कहा। 'मैं अब ठीक हूँ काफी बेहतर महसूस कर रही हूँ' आभा ने उठकर बैठते हुए कहा। 'मैंने डॉक्टर को तुम्हारे पापा से कहते हुए सुना कि आज तुम्हें हॉस्पिटल से छुट्टी मिलने वाली है।

'तुम अपने घर चली जाओगी तो मैं तुम्हें बहुत याद करूँगा, समय ने आभा की तरफ देखकर कहा।

'क्यूँ याद करोगे मुझे?' आभा ने समय की तरफ देख मुस्कुराकर पूछा। 'इतने दिनों से रोज़ तुम से मिलने आता था, अब! तुम्हारे घर तो नहीं आ सकता ना' समय कहता रहा। 'क्यूँ नहीं? आना कभी मिलने' आभा ने कहा। 'तुम्हारे मम्मी-पापा को अच्छा नहीं लगा तो?' समय ने मुस्कुराकर कहा।

'तुम मुझे अपना मोबाइल नंबर दे दो मैं तुम्हें कॉल करूँगी' आभा ने कहा। 'मेरे पास कोई फोन नहीं है, तुम मुझे अपना नंबर दे दो, मैं तुम्हें कॉल कर लूँगा' समय ने कहा।

'अच्छा! लिखो मेरा मोबाइल नंबर। कागज़ और पेन ले लो ड्राअर में से' आभा ने कहा।

'मुझे याद रहेगा, तुम कहती जाओ' समय ने कहा। 'क्या तुम्हें इतना बड़ा मोबाइल नंबर याद रहेगा? आभा ने हँसते हुए पूछा!

'तुम्हें पता नहीं मेरी याददाश्त बहुत तेज़ है। तुम नंबर बताओ' समय ने जोर दिया तो आभा ने उसे अपना फोन नंबर बताया।

'चलो! मुझे अब चलना चाहिए। तुम अपना ध्यान रखना और जल्दी से ठीक हो जाना' कहकर समय ने आभा से मिलाने के लिए अपना हाथ आगे किया। आभा ने उससे हाथ मिलाया। समय का हाथ काफी मुलायम था।

'क्या काम करते हो तुम समय' आभा ने उत्सुकतावश समय से पूछा।

'मैंने अभी अभी अपनी पढ़ाई पूरी की है। अब मैं नौकरी की तलाश में हूँ' समय ने जवाब दिया। 'चलो! मैं तुम्हें बाद में कॉल करता हूँ' कहकर समय वहाँ से चला गया।

आभा इन दिनों जब जब समय से मिली थी उसने एक अलग ही खुशी महसूस की थी। समय से बात करके आभा के मन को सुकून सा महसूस होता था।

आभा को हॉस्पिटल से छुट्टी मिल गयी थी। धीरे-धीरे वह अपने रोज के कामकाज भी करने लगी और कुछ दिनों में उसने कॉलेज फिर से जॉइन कर लिया।

कुछ महीने गुज़र गये पर आभा को समय का कोई फोन नहीं आया। आभा समय के बारे में सोचती रहती।' पता नहीं समय ने मुझे अब तक फोन क्यूँ नहीं किया। पक्का वो मेरा फोन नंबर भूल गया होगा।

मैंने कहा था उसे, किसी कागज पर लिख लो। उसे मेरा नंबर याद नहीं रहा होगा' वह सोचती रहती।

आभा अब समय को भूलने लगी थी। अपने रोज के कामों में पढ़ाई में वह व्यस्त रहने लगी थी। एक खालीपन फिर भी आभा

की ज़िंदगी में छाया रहता, अनजान सी कोई कमी हर वक़्त उसे सताती रहती।

एक दिन आभा अपने दोस्तों के साथ कॉलेज के कैंटीन में बैठी चाय ले रही थी तभी उसका फोन बजा। आभा ने फोन उठाया और 'हैलो' कहा पर सामने से कोई आवाज नहीं आयी। थोड़ी देर में फिर से एक बार आभा के फोन की घंटी बजी, उसने परेशान होकर फोन उठाया और 'हैलो' कहा। 'हैलो! आभा कैसी हो? फोन पर समय था। 'अरे! समय बहुत दिनों बाद फोन किया तुमने' आभा समय की आवाज सुनकर खुश हुई।

'क्या हम मिल सकते हैं?' समय ने पूछा। 'अ..हाँ, क्यूँ नहीं। शाम में मिलते हैं कॉलेज खत्म होने के बाद ठीक है? आभा ने जवाब दिया।

शाम को कॉलेज छुटने के बाद आभा कॉलेज से बाहर आयी, गेट पर समय उसके लिए इंतजार कर रहा था। आभा खुशी खुशी समय के पास चली गयी। 'कैसे हो समय? बहुत दिनों कें बाद याद आयी तुम्हें मेरी' आभा ने मुस्कुराते हुए कहा। 'मैं जॉब इंटरव्यूह में बिजी था और पापा की तबियत कुछ ठीक नहीं थी' समय ने कहा। 'ओ हो! क्या अब वो ठीक है?' आभा ने चिंतित होते हुए पूछा। 'हाँ वो अब ठीक है' समय ने जवाब दिया। 'और तुम्हारे जॉब का क्या हुआ? क्या जॉब मिली? आभा ने पूछा। 'हाँ। जॉब तो मुझे मिल गई पर तनख्वाह बहुत कम है। सोचता हूँ कुछ दिन यही काम करके फिर दूसरी जगह जॉब ढूँढ़ता हूँ।

यही खुशखबरी देने मैं यहाँ आया हूँ' समय कहता रहा।

'चलो! अच्छा है, मैं तुम्हारे लिए बहुत खुश हूँ। तुम ज़िंदगी में बहुत तरक्की करोगे। खूब मन लगाकर काम करना और सुनो मुझे पार्टी कब दे रहे हो, नौकरी लगने की खुशी में?' आभा वाकई

में समय के लिए बहुत खुश थी। 'चलो, मैं तुम्हें कॉफी पिलाता हूँ, 'समय ने मुस्कुराकर कहा। 'बस! कॉफी' आभा ने नाराज़ होते हुए कहा। 'आभा मुझे जितनी तनख्वाह मिलती है उस में मैं सिर्फ तुम्हें कॉफी पिला सकता हूँ, चलोगी?' समय ने हँसते हुए कहा। 'चलो ठीक है, मैं कॉफी से ही काम चला लूँगी' कहकर आभा खुलकर मुस्कुराने लगी। समय और आभा, आभा की स्कूटर से कॉफी शॉप की तरफ निकल पड़े।

उस दिन के बाद आभा और समय मिलने लगे। आभा को समय का साथ होना अच्छा लगने लगा। समय से वह हर एक बात शेयर करती।

माँ ने यह कहा, पापा ने यह कहा, दोस्तों की बातें अपने कॉलेज की बातें और बहुत कुछ। समय को घंटों आभा की बाते सुनना अच्छा लगता था। आभा अब बहुत खुश रहने लगी थी, समय उसका पक्का दोस्त जो बन गया था।

'समय तुम एक फोन क्यूँ नहीं खरीद लेते हो?' आभा ने एक दिन परेशान होकर समय से कहा। 'क्यूँ अब तुम्हें क्या हो गया? समय ने मुस्कुराकर पूछा। 'हुआ कुछ नहीं है पर अगर मुझे तुमसे बात करने का मन करे तो मैं क्या करूँगी? तुम्हारे पास फोन होगा तो आसान हो जाएगा और मैं जब चाहूँगी तुम्हें कॉल कर पाऊँगी।

तुमसे बात कर सकूँगी' आभा ने कहा। 'अरे! आभा तुम नहीं जानती पर यह फोन बड़ा झमेला होता है। उसे अपने साथ हमेशा ढ़ोना पड़ता है और वह कभी भी बज़ जाता है। रास्ता पार कर रहे हो चाहे नहा रहे हो या फिर खाना खा रहे हो फोन बजता है और फिर इंसान अपना काम छोड़कर फोन में घुस जाता है। दिनभर मैसेजेस पढ़ता रहता है। इसलिए मुझे यह फोन वगैरह पसंद नहीं' समय ने अपनी बात पूरी की। 'मुझे बड़ा आश्चर्य होता है समय

तुम्हारी बातें सुनकर। तुम आजकल की पीढ़ी के होकर भी ऐसी सोच रखते हो। आजकल के लड़के लड़कियों का तो मोबाइल के बिना गुजारा नहीं होता और तुम हो कि.....' आभा समय की बातों पर नाराज़ हो रही थी। 'अरे! अब गुस्सा मत करो यार' समय उसे समझा रहा था।

'गुस्सा नहीं करूँ तो क्या करूँ'। अगर तुमसे बात करने का मेरा मन करे तो मैं क्या करूँ? आभा ने रूठते हुए कहा। 'आभा यहाँ देखो न! मेरी तरफ एक बार 'समय ने आभा को मनाते हुए कहा। आभा ने समय की तरफ देखा। 'तुम बस! अपनी आँखों को बंद कर लेना और मन में मुझे आवाज देना। मैं पहुँच जाऊँगा तुम्हारे पास' समय ने आभा की आँखों में आँखें डालकर कहा। 'क्या कोई जादू है तुम्हारे पास?' आभा ने समय को निहारते हुए पूछा। 'जादू तो नहीं है पर मैं तुम्हारे मन की बात जान जाऊँगा' कहकर समय आभा की तरफ देख मुस्कुराने लगा। आभा ने आज पहली बार समय की आँखों में एक अलग सी चमक देखी। बहुत गहराई थी समय की आँखों में। आभा समय को यूँही निहारती रह गयी।

आभा को समय की अब आदत सी पड़ गई थी। समय रोज शाम कॉलेज के बाहर आभा से मिलने आता और दोनों साथ में घूमने निकलते। कहीं अकेले में बैठे-बैठे दोनों घंटों बातें करते, खिलखिलाकर हँसते।

घर देर से पहुँचने की वजह से आभा को रोज माँ से डाँट पड़ती पर वह कुछ ना कुछ बहाना बना ही देती।

दिन गुजरते चले गये। आभा और समय की दोस्ती गहरी होती चली गई। आभा अपने दोस्तों से कम मिलने लगी थी। उसे किसी और दोस्त की ज़रूरत ही महसूस नहीं होती थी समय जो था अब उसके पास। समय के साथ की वजह से आभा की ज़िंदगी सुकून

से कट रही थी। आभा के नसीब में यह खुशी क्या हमेशा के लिए थी? क्या समय हमेशा के लिए आभा के साथ रहेगा?

दोस्तों को तो जाना होता है ना अपने अपने रास्ते। क्या समय भी आभा को एक दिन छोड़कर चला जायेगा?

गुमशुदा 3

एक दिन शाम के वक़्त आभा और समय मिले। आभा कुछ उदास सी थी। 'क्या हुआ आभा तुम आज उदास क्यूँ हो? समय ने पूछा। 'नहीं कोई बात नहीं' आभा ने बात को टालते हुए कहा। 'बता दो आभा तुम्हारा मन हल्का हो जाएगा' समय से आभा का दुख भरा चेहरा देखा नहीं जा रहा था। उसे पता था आभा के मन में कुछ चल रहा है जो उसे बेचैन कर रहा है। 'पता है समय मैं हमेशा से दिल्ली जाना चाहती थी। मुझे अपनी लिट्रेचर की पढ़ाई करनी थी दिल्ली विश्वविद्यालय से' आभा ने कहा। 'यह तो अच्छी बात है तो परेशानी क्या है? समय समझ नहीं पा रहा था आभा को क्या कहना है। 'मैंने कुछ दिन पहले अर्जी भेजी थी, मेरा चयन हो गया है। अब मुझे दिल्ली जाना पड़ेगा पढ़ने के लिए' आभा ने उदासी

भरे स्वर में कहा। समय ने थोड़ा रूककर खुद को संभालकर कहा, 'यह तो अच्छी बात है ना, तुम्हारा सपना सच होने जा रहा है'। 'मैं जाना चाहती थी समय पर अब मैं चाहती हूँ कि मैं यहीं रहूँ, दिल्ली नहीं जाऊँ' आभा ने अपनी आँखें नीची रखते हुए कहा। 'क्यूँ नहीं जाना चाहती हो' समय ने आभा की तरफ देखते हुए पूछा। आभा ने कुछ नहीं कहा। 'बताओ न आभा, अब क्यूँ नहीं जाना चाहती हो?' समय ने फिर से पूछा। 'क्योंकि तुम मेरे साथ वहाँ नहीं होंगे न' आभा ने डबडबाई आँखों को ऊपर उठाते हुए कहा। 'आभा यह क्या....तुम रो रही हो? देखो रोओ मत। सोचो वहाँ तुम्हारे और भी बहुत सारे दोस्त बनेंगे। तुम ज़िंदगी में आगे बढ़ोगी, कुछ कर दिखाओगी' समय उसे समझाने की कोशिश करने

लगा। 'समय मैं तुम्हें छोड़कर नहीं जाना चाहती। मेरे लिए तुम अकेले ही काफी हो, नहीं चाहिए मुझे और दोस्त' आभा के आँखों से आँसुओं की बूंदें छलक पड़ी।

'क्यूँ नहीं चाहिए तुम्हें दोस्त? मैं कितने दिन तुम्हारे साथ यूँ ही रहूँगा। कभी ना कभी तो हमें अलग होना ही पड़ेगा। हमें अपनी आगे की ज़िंदगी भी तो संवारनी है ना। फिर हमारे घरवाले है उनकी हमसे कुछ उम्मीदे हैं, है ना?' समय आभा को समझाता रहा। 'क्या तुम रह पाओगे मेरे बिना? आभा ने समय की आँखों में आँखें डालते हुए पूछा। 'मैं तुम्हारे बिना कभी था ही नहीं और ना कभी रहूँगा। तुम हमेशा मेरे साथ रहती हो मेरे मन में' समय ने कहा। आभा की धड़कने तेज हो गयी वह कुछ देर यूँही समय की तरफ देखती रह गयी। 'चलो घर चलते हैं, देर हो जायेगी' कहकर समय अपनी जगह पर खड़ा हो गया तो आभा ने उसका हाथ थाम लिया। समय का हाथ आज भी उतना ही मुलायम था।

'मुझे लगा था तुम मुझे जाने से रोकोगे, कहोगे कि आभा मत जाओ, तुम्हारे बिना मैं यहाँ क्या करूँगा' आभा ने समय से कहा। समय ने आभा को उसकी जगह से उठाते हुए कहा 'आभा हम दोनों कितना भी चाहे, एक दूसरे से अलग नहीं हो सकते। हम कितने भी दूर हो, दुरियाँ हमें अलग नहीं कर सकती। चलो अब! हम कल मिलते हैं' समय ने कहा तो दोनों अपने-अपने रस्ते चल पड़े।

शाम से ही आभा को बड़ी बेचैनी लग रही थी। वह चाहती थी समय के साथ थोड़ा और वक़्त गुजारू, उससे थोड़ी देर बात करूँ 'पर समय के पास फोन भी तो नहीं है, मैं कैसे उससे बात करूँ' आभा सोचने लगी। 'समय ने ऐसा क्यूँ कहा होगा कि मैं हमेशा उसके साथ रहती हूँ, उसके मन में' इसका क्या मतलब हो सकता है? क्या समय यह कहना चाह रहा था कि वह मुझसे प्यार

करता है? या फिर नहीं? क्या मैं समय की बातों का गलत मतलब निकाल रही हूँ? क्या समय मुझसे प्यार करता है? जिसे इतने दिनों से मैं दोस्ती समझ रही हूँ क्या यह दोस्ती नहीं कुछ और है? यह क्या कह गये तुम समय। कम से कम अपनी बात पूरी तो करते। मैं इसका क्या मतलब निकालूँ? आभा सारी रात समय के बारे में सोचती रह गयी।

दो दिन बीत गये समय आभा से मिलने नहीं आया। आभा अब परेशान होने लगी थी। 'समय मुझ से मिलने क्यूँ नहीं आया होगा? क्या मेरी दिल्ली जाने वाली बात उसे बुरी लगी होगी? मैं समय से बात करना चाहती हूँ पर किस तरह मैं उससे बात करूँ? आभा बस सोचती रह गई। दो दिनों बाद रात के करीब आठ बज चले होंगे आभा अपने कमरे में अकेली बैठी पढ़ाई कर रही थी तभी उसका फोन बजा, कोई अननोन नंबर था।

'हैलो' आभा ने फोन उठाया। 'हैलो' आभा, मैं समय' सामने फोन पर समय था। 'समय कहाँ हो तुम? इतने दिनों ना मुझसे मिले ना ही मुझ से बात की। कोई इस तरह से गायब हो जाता है क्या भला? आभा बड़ी ही बेकरारी से समय से बात कर रही थी। 'आभा मैं तुमसे मिलना चाहता हूँ, क्या तुम मुझसे मिलने आओगी? 'समय कुछ परेशान लग रहा था। 'ठीक है। हम कल मिलते हैं' आभा ने मिलने के लिए हामी भरी। 'कल नहीं अभी, इसी वक़्त। मुझे तुमसे कुछ ज़रूरी काम है' समय ने कहा। 'अभी? इस वक़्त? घर से निकलना मुश्किल है इतने रात गये। हम कल मिलते हैं ना समय' आभा ने कहा। 'नहीं कल नहीं'। मुझे अभी इसी वक़्त तुमसे मिलना है, प्लीज.... आ जाओ' समय ज़रा परेशान लग रहा था।

'अच्छा! ठीक है, मैं मम्मी से कुछ बहाना कर आती हूँ। कहाँ आना है बताओ' आभा को समय की बेचैनी समझ आ रही थी।

उसे पता था कि समय कुछ परेशान है। समय ने आभा को पता बताया। थोड़ी देर बाद आभा अपनी स्कूटर लिए समय से मिलने निकल पड़ी।

वह सर्दियों की रात थी। सुनसान सी सड़क पर आभा अकेली चली जा रही थी। समय ने बुलाया था उस जगह कोई आता-जाता नहीं था। रास्ते पर सन्नाटा सा छाया था। आभा को डर लगने लगा। किसी तरह खुद को धीरज बंधाये, आभा उस जगह पहुँच गई जहाँ समय ने उसे मिलने बुलाया था। अपनी स्कूटर सड़क किनारे खड़ी कर आभा समय का इंतजार करने लगी। आभा के हाथ ठंडे पड़ रहे थे। डर के मारे उसके बदन की कपकपाहट भी बढ़ने लगी। सड़क किनारे लगे लैंप्स से निकलती रोशनी के अलावा किसी चीज़ का आभास नहीं हो रहा था।

आभा की धड़कनों की आवाज के अलावा किसी भी चीज़ की आहट भी नहीं थी। 'यह इस जगह क्यूँ मिलने बुलाया मुझे समय ने इतने रात गये और वह कहाँ रह गया। मुझे बुलाकर खुद नहीं आया है अब तक। मुझे बड़ा डर लग रहा है।' आभा खुद से ही बातें कर रही थी। काफी देर रास्ते के किनारे फुटपाथ पर खड़े खड़े आभा ने समय की राह देखी। 'बहुत देर हो चुकी है। क्या मुझे चलना चाहिए? या फिर थोड़ी देर और समय का इंतजार कर लूँ' आभा को समझ नहीं आ रहा था क्या करें। थोड़ी देर बाद आभा की हिम्मत दाद दे गयी। 'मुझे अब चलना चाहिए। ऐसे अकेले, सड़क किनारे खड़ा रहना ठीक नहीं होगा' सोचकर आभा अपने स्कूटर की तरफ बढ़ी ही थी कि सड़क के दूसरे किनारे उसने एक परछाई देखी। समय सड़क की दूसरी तरफ बने फुटपाथ पर खड़ा आभा को हाथ हिलाकर इशारा कर रहा था।

समय रास्ता पार कर आभा के पास पहुँचा। 'समय कहाँ रह गये थे तुम? मैं कब से तुम्हारा यहाँ इंतजार कर रही हूँ' आभा ने

परेशान होकर कहा। 'इतनी भी क्या ज़रूरी बात करनी थी जो इतने रात गये, इतनी सुनसान जगह मुझे बुलाया' आभा डरी डरी सी लग रही थी। 'मुझे माफ कर दो आभा। मैं किसी काम में फंस गया था इसलिए आने में ज़रा देर हो गई। मैं कल काम के सिलसिले में मुंबई जा रहा हूँ। मुझे वहाँ कुछ दिन लग सकते हैं। जाते-जाते मैं तुमसे मिलना चाहता था।' समय ने कहा। 'कब लौटोगे?' आभा ने दुःखी होते हुए समय से पूछा। 'पता नहीं कुछ समय लग सकता है कह नहीं सकते' समय ने जवाब दिया। 'पर मैं तो अगले हफ़्ते ही दिल्ली के लिए निकल जाऊँगी।

मेरा तीन साल का लिटरेचर का कोर्स है। अगली बार घर कब लौटुँगी मैं कह नहीं सकती' आभा ने भारी मन से कहा। 'हाँ! मुझे पता है इसलिए मैंने तुम्हें मिलने बुलाया है' समय ने कहा। थोड़ी देर चुप्पी रही। समय आभा के करीब आया 'आभा! मैं तुमसे कुछ और भी कहना चाहता हूँ' समय ने आभा की आँखों में झांककर कहा। 'हाँ कहो' आभा ने बड़ी ही बेखयाली में कहा। 'आभा मुझे तुम बहुत अच्छी लगती हो। तुम मेरी अच्छी दोस्त तो हो पर पिछले कुछ दिनों में तुम मेरी दोस्त से ज्यादा बन गई हो। तुम मेरी आदत बन गई हो। जिस दिन मैं तुमसे नहीं मिल पाता, रातभर ठीक से सो नहीं पाता। तुम्हारे बिना एक बेचैनी सी महसूस करता रहता हूँ हरदम। तुमसे रोज मिलना तुम्हारी बाते सुनना मेरी ज़िंदगी का मानो हिस्सा बन गये हैं।

याद है, तुमने उस दिन मुझसे पूछा था कि क्या तुम्हारे दूर जाने से मैं खुश हूँ? क्या मैं तुम्हारे बिना रह पाऊँगा? उस सवाल का जवाब आज मैं देना चाहता हूँ। मैं बिल्कुल नहीं चाहता कि तुम मुझसे दूर चली जाओ, क्यूँकि तुम्हारे बिना अब जी पाना मेरे लिए बहुत मुश्किल है पर मैं यह भी नहीं चाहता कि मेरी वजह से तुम अपने भविष्य के साथ खिलवाड़ करो। मैं चाहता हूँ, तुम दिल्ली

जाओ, अपनी पढ़ाई पूरी करो ज़िंदगी में एक अच्छा मुकाम हासिल करो।' समय अपनी बात कहता रहा।

'आज तुमसे जो बात मैं कहना चाहता हूँ उसके लिए दो दिनों से मैं हिम्मत जुटा रहा था।' समय आगे बढ़ा, उसने आभा का हाथ अपने हाथ में थाम लिया।

"आभा अब तुम दोस्त से ज्यादा कुछ बन गई हो मेरे लिए। कुछ ऐसा जिसके बिना मैं सांस नहीं ले सकता, ना खुश हो सकता हूँ ना ही चैन से सो सकता हूँ। 'आय एम इन लव विथ यु आभा! मैं तुमसे प्यार करने लगा हूँ। कब से यह मत पूछना क्यूँकि इसका जवाब मेरे पास भी नहीं है। बस इतना पता है समय के मन में, दिल में, धड़कनों में अब बस आभा ही आभा है। आभा नहीं तो समय भी नहीं। मैं तुमसे दिवानों की तरह प्यार करता हूँ और सच कहूँ, मानो लगता है तुम्हारे बिना एक पल भी मेरा कोई अस्तित्व नहीं है। मुझे पता नहीं कि तुम मेरे बारे में क्या सोचती हो पर जाने से पहले यह सब कुछ तुमसे कहना मेरे लिए बहुत ज़रूरी था' समय बोलते बोलते अब रूक गया था। उसने आभा का हाथ अभी भी अपने हाथ में थाम रखा था। आभा समय की आँखों में देख रही थी।

आभा चाहती थी समय बोलता रहे और वह उसकी बातें यूँही सुनती रहे।

'कुछ बोलोगी नहीं आभा?' समय ने आभा को टोका तो वह सुध में आई। 'मैं तुम्हें दिल्ली जाने के बाद कैसे संपर्क कर सकूँगी' आभा ने बस यही कहा। 'ओ! हाँ। पता है मैंने नया सेल फोन खरीदा है। मेरा नंबर लिख लो' कहकर समय ने आभा को अपना नंबर दिया। 'आभा ने समय का फोन नंबर अपने मोबाइल में सेव कर लिया। 'मैं तुम्हें फोन करूँगी' कहकर आभा अपनी स्कूटर की तरफ

मुड़ी। उसने समय को पलटकर देखा। समय उसी जगह खड़ा था और दुखी मन से आभा को जाते हुए देख रहा था। आभा के मन ने कहा 'समय के पास वापस लौट जाओ पर वह अपनी स्कूटर की तरफ आगे बढ़ गई।

आभा ने अपनी स्कूटर स्टार्ट की और समय की तरफ मुड़कर देखा। समय अपने चेहरे पर हल्की सी मुस्कान लिये उसे हाथ हिलाकर अलविदा कह रहा था। आभा ने भी उसे स्माईल दी और घर की तरफ निकल पड़ी।

आभा के मन में विचारों का तूफान सा उमड़ पड़ा था। एक तरफ वह खुश थी क्योंकि समय उसे बहुत प्यार करता था पर दूसरी ओर उसका मन दुखी हो रहा था क्यूँकि अब वह समय से दूर हो रही थी। आभा के मन में नयी ज़िंदगी शुरू करने का एक डर तो था पर समय के साथ जो अच्छा वक़्त आभा ने बिताया था उन पलों की अच्छी यादों को समेटे उसे आगे का सफर भी तय करना था।

'मुझे माफ करना समय, मैंने तुम्हें कोई जवाब नहीं दिया। मुझे नहीं पता मैं तुमसे प्यार करती हूँ या नहीं पर तुम्हारा साथ मुझ में एक नयी ज़िंदगी भर देता है।

तुम्हारी बातें मेरे मन को एक सुकून दे जाती है। पर अब तुम्हारी कमी मुझे खलने वाली है। इतना प्यारा दोस्त फिर मुझे मिले या ना मिले' आभा मन में समय के बारे में सोचती रह गयी।

क्या तक़दीर भी यही चाहती है कि आभा और समय अलग हो जाए? क्या उन दोनों के रास्ते एक दूसरे से जुदा हो पायेंगे? वक़्त के धुंध में क्या छिपा है किसे पता।

गुमशुदा 4

दिल्ली जाने से पहले आभा ने समय का मोबाइल नंबर मिलाया। समय ने फोन नहीं उठाया। 'पता नहीं समय को क्या हो गया है' आभा समझ नहीं पा रही थी।

दिल्ली जाने के बाद आभा ने कॉलेज जॉइन कर लिया और गर्ल्स हॉस्टल में उसका रहने का इंतजाम हो गया।

नया शहर, नयी दुनिया, आभा नये माहौल में खुद को ढ़ालने की कोशिश करने लगी। वह समय को याद करती रहती। समय से दूर होने के बाद आभा को उसकी कमी बहुत खलती रहती। वह समय का नंबर मिलाया करती पर समय फोन नहीं उठाता।

एक रात जब आभा, हॉस्टल के अपने कमरे में सो रही थी उसने महसूस किया समय उसकी बगल में बैठा हुआ है। खिड़की से आती हुई हल्की हल्की रोशनी में आभा ने समय को अपने पास बैठा पाया।

आभा ने लाईट जलाई तो वहाँ कोई भी नहीं था।

'क्या यह मेरा वहम था? या फिर मैं कोई सपना देख रही थी? आभा परेशान हो गयी। 'समय कहा हो तुम? मेरा फोन क्यूँ नहीं उठाते?' आभा की आँखों से आंसू छलकने लगे।

दूसरे दिन सुबह सुबह आभा का फोन बजा। उसने आँखें बंद रखे रखे ही फोन उठाया। 'हैलो' आभा ने फोन उठाकर कहा। 'हैलो आभा, मैं समय बोल रहा हूँ। कैसी हो? समय ने पूछा। 'समय, क्या यह सच में तुम हो? आभा ने अपनी खुशी को काबू में करते हुए पूछा। 'हाँ, मैं ही हूँ' समय ने प्यार भरी आवाज में कहा। 'तुम कहा

चले गये थे समय? मेरा फोन भी नहीं ले रहे थे' आभा ने शिकायत करते हुए कहा। 'मेरा फोन खराब हो गया था' समय ने कहा।

'झूठ मत बोलो तुम समय। मेरा फोन नंबर था नं तुम्हारे पास, तुमने मुझे कॉल क्यूँ नहीं किया।' आभा समय पर नाराज़ हो रही थी। 'हाँ, तुम सही हो आभा। मैंने तुम्हें जानबूझकर फोन नहीं किया मैं थोड़ा परेशान था उस दिन तुमने मुझे जवाब नहीं दिया। कुछ कहे बगैर तुम चली गयी तो मैंने सोचा तुम्हें अब परेशान ना करूँ' समय ने बड़ी शांति से जवाब दिया। 'कैसी बात कर रहे हो तुम समय।

क्या तुम कभी मुझे परेशान कर सकते हो? हाँ पर जब इतने दिनों तुमने मुझे फोन नहीं किया तो मैं बहुत चिंतित हो गई थी।' 'एक बात पूछूँ?' समय ने दबी सी आवाज में कहा। 'हाँ पूछो' आभा ने कहा। 'क्या तुम उस दिन मुझसे नाराज हो गई थी? क्या तुम्हें मेरी बात बुरी लग गई?' समय ने दुखी होकर पूछा। 'अरे! नहीं समय।

मैं तुमसे नाराज नहीं हूँ, ना ही उस दिन थी। मैं नाराज हो भी नहीं सकती, तुम तो मेरे सबसे अच्छे दोस्त हो। और उस दिन तुमने वही कहा जो तुम्हारे मन में है। मुझे यह अच्छा लगा कि तुमने अपने मन की बात मुझसे कही, कुछ भी नहीं छुपाया' आभा ने बड़ी शालीनता से जवाब दिया। 'अपने मन से यह सब निकालो और बताओ कैसे हो तुम? मैंने इतने दिनों तुम्हें बहुत याद किया' आभा ने मुस्कुराकर कहा।

'मैं अब ठीक हूँ' समय के दिल से जैसे बोझ सा हट गया था। 'और तुम्हारा काम, वह कैसे चल रहा है?' आभा ने कहा। 'मेरा काम भी अच्छा ही चल रहा है। मैंने दिल्ली के ऑफिस में मेरा तबादला करवा लिया है' समय ने खुश होते हुए कहा। 'क्या कह रहे हो तुम समय! क्या वाकई में? मैं बहुत खुश हूँ। कब मिल रहे हो मुझसे? मैं तुमसे मिलना चाहती हूँ' आभा ने चहकते हुए कहा।

'रविवार के दिन मिलते हैं। मैं तुम्हें फिर से फोन करूँगा।' कहकर समय ने फोन रख दिया।

आभा बहुत खुश थी उसका दोस्त जो उसे वापस मिल गया था। रविवार की शाम आभा और समय मिले। समय को देखते ही आभा की खोई मुस्कान फिर खिल गई। आभा समय के गले लग गई। 'मुझे अब अच्छा लग रहा है समय। तुम मेरे पास वापस आ गये हो, मुझे अब कुछ नहीं चाहिए' आभा ने नम आँखों से समय की तरफ देख कहा। 'मैं कैसे नहीं आता, मुझे तो आना ही था! तुम जहाँ जहाँ मैं वहाँ वहाँ' समय ने हँसकर कहा। दोनों ने साथ में बैठकर ढ़ेर सारी बाते की। 'एक बात कहूँ समय, जिस दिन तुम्हारा फोन आया था न, उसके पहले मैंने रात में महसूस किया कि तुम मेरे पास ही बैठे हो। शायद मैंने कोई सपना देखा था और देखो तुमने मुझे फोन किया।

क्या तुम बता सकते हो कि ऐसा क्यूँ हुआ होगा? आभा ने समय से पूछा। 'शायद तुम मुझे बहुत ज्यादा याद कर रही होगी, इसलिए' समय ने मुस्कुराकर जवाब दिया। 'हूँ....हो सकता है पर मैंने तुम्हें करीब से देखा, तुम मेरे पास बैठे थे' आभा ने बड़ी गंभीरता से कहा। 'होता है कभी-कभी। हम जिसे याद करते हैं वह इंसान सपने में दिख जाता है। ज़रूर वह तुम्हारा वहम होगा।' समय ने आभा को समझाया। आभा ने फिर कुछ नहीं कहा वह तो बस! अब खुश थी समय को फिर से पाकर।

क्या वह आभा का कोई सपना था? या उसे अपने कमरे में वाकई कोई नज़र आया था? क्यूँ आभा को वह परछाई बार-बार अपने आस-पास दिख जाती है? क्या ऐसी कोई बात है जिससे अब तक आभा अनजान है?

गुमशुदा 5

एक दिन की बात है। आभा अपने हॉस्टल के कमरे में अकेली थी। कोई प्रोग्राम था इसलिए हॉस्टल की सारी लड़कियाँ, दो दिनों के लिए शहर से बाहर गयी हुई थी। आभा अकेली थी और उसे सुनसान हॉस्टल में बहुत डर लग रहा था।

रात के करीब-करीब आठ बज़ रहे होंगे। आभा ने समय को फोन मिलाया। 'क्या हुआ आभा? डरी-डरी सी क्यूँ हो?' समय ने चिंता भरे स्वर में आभा से पूछा। 'मुझे अकेले में डर लग रहा है समय और तुम्हें पता है कभी-कभी रात में बिज़ली भी चली जाती है। मैं हॉस्टल में अकेली हूँ। अब! क्या करूँ? आभा ने परेशान होकर जवाब दिया। 'तो तुम चाहती हो मैं तुम्हें कम्पनी देने वहाँ आ जाऊँ' समय ने शरारती अंदाज में कहा। 'अरे! नहीं मेरा वह मतलब तो नहीं था' आभा ने हँसकर कहा। 'मैं सच कह रहा हूँ, मैं तुम्हारे पास आ रहा हूँ। मैं तुम्हें यूँह अकेला नहीं छोड़ सकता' कहकर समय ने फोन रख दिया।

थोड़ी देर बाद आभा ने देखा कि समय उसके कमरे की खिड़की से अंदर आ रहा था।

'समय क्या तुम पागल हो? यह गर्ल्स हॉस्टल है। तुम यहाँ इस तरह नहीं आ सकते' आभा ने परेशान होते हुए कहा। 'कोई बात नहीं। परेशान मत हो। मुझे किसी ने नहीं देखा, तुम चिंता मत करो। देखो मैं तुम्हारे पसंद के नुडल्स लेते आया हूँ, चलो खाते हैं' कहते हुए समय कमरे के भीतर आ गया। आभा ने कमरे की

खिड़की बंद कर ली और परदे भी गिरा दिये। आभा ने और समय ने साथ बैठ नुडल्स खाये।

'अब! तुम जाओ समय। किसी ने हमें यहाँ साथ में देख लिया तो बड़ी मुसीबत हो जाएगी' आभा ने कहा।

'देखो आभा तुम बिल्कुल भी परेशान मत हो, कुछ नहीं होगा। वैसे भी पूरे हॉस्टल में सन्नाटा फैला हुआ है। मैं तुम्हें यहाँ अकेले नहीं रहने दे सकता' समय ने आभा के बिस्तर पर बैठकर अपने पैरों को फैलाते हुए कहा। 'तुम्हें मेरी बहुत चिंता है ना समय?' आभा ने धीमे स्वर में कहा। 'हाँ, खुद से भी ज्यादा' समय ने आभा की तरफ देखकर जवाब दिया। 'चलो हम तुम्हारे लेपटॉप पर कोई पिक्चर देखते हैं' समय ने खुश होते हुए कहा। 'मतलब! क्या आज रात तुम्हारा घर वापस जाने का कोई इरादा नहीं है?' आभा ने मुस्कुराकर कहा। 'नहीं। बिल्कुल नहीं। मैं तुम्हें अकेला छोड़कर कहीं नहीं जा रहा। चलो! हम दोनों अच्छी सी कोई पिक्चर देखते हैं। तुम बता रही थी ना तुम्हारे पास पुरानी हिंदी मूवीज है' समय ने कहा। आभा ने जिद्द छोड़ दी थी वह समय के पास जाकर बैठ गयी।

पिक्चर देखते-देखते आभा ज़रा भावुक होने लगी तो उसने समय के कंधे पर अपना सर रखा और उसकी बाँह को थाम लिया। समय आभा को इस तरह करते देख मन ही मन खुश हो रहा था।

आभा को थोड़ी देर बाद निंद आने लगी तो वह बिस्तर पर लेट गयी। 'मुझे तो नींद आ रही है समय। मैं सोना चाहती हूँ अब तुम भी सो जाओ' आभा ने नींद से भारी होती हुई आवाज में कहा। 'तुम तो सो गयी अब मैं कहा सोऊँ?" समय ने मुस्कुराकर कहा। 'तुम उस कुर्सी पर बैठे बैठे ही सो जाओ क्यूँकि और कहीं जगह नहीं है तुम्हारे लिए इस कमरे में' पास में पड़ी कुर्सी की तरफ इशारा करते

हुए आभा ने कहा। 'ठीक है, चलो आज की रात हम बैठे बैठे ही गुजार देंगे' समय ने कुर्सी की तरफ बढ़ते हुए कहा।

आभा लेटे लेटे समय को देख सकती थी जो कि कुर्सी पर बैठा आभा को निहार रहा था। आभा समय की तरफ देखे जा रही थी।

'मुझे इस तरह से मत देखो आभा, तुम्हें मुझ से प्यार हो जाएगा' समय ने आभा को निहारते देख कहा। 'मुझे तुमसे प्यार हो चुका है समय। मैं ही पगली इस बात को समझ नहीं पायी' आभा उसी तरह अपने बिस्तर पर लेटे-लेटे समय से बात कर रही थी। 'तुम भावुक हो गयी हो आभा इसलिए तुम यह कह रही हो' समय भी आभा की तरफ देख बोल रहा था। 'नहीं समय। मैं सच कह रही हूँ। तुम्हारे बिना मेरी बुरी हालत हो जाती है ऐसा लगता है जैसे मेरे शरीर में जान ही ना बची हो। तुम मेरे साथ होते हो तो लगता है जैसे सब कुछ अच्छा है, सब कुछ आसान लगता है। यह दुनिया बड़ी प्यारी लगने लगती है' आभा ने उठकर बिस्तर पर बैठते हुए कहा।

'आभा तुम शायद इस माहौल की वजह से यह महसूस कर रही हो' समय ने कहा। 'नहीं समय, मैं तुमसे वाकई में बहुत प्यार करने लगी हूँ। तुम बहुत प्यारे हो, मेरी कितनी परवाह करते हो'। मुझे लगता है कि मैं सारी उम्र तुम्हें यूँही देखती रहूँ और तुम्हारा साथ महसूस करूँ' आभा ने समय की तरफ देख कहा। 'I love you समय यह दोस्ती कब प्यार में बदल गयी मुझे पता ही नहीं चला। अब मैं तुम्हारे बिना एक पल भी जीना नहीं चाहती। मैं तुम्हारी होना चाहती हूँ हमेशा हमेशा के लिए' आभा कहती रही। समय आभा की बात सुन कर जगह से उठ.......आभा के पास आकर बैठ गया।

'मैं भी तुमसे बहुत प्यार करता हूँ आभा। मैं तुम्हारा हो चुका हूँ, कब से' कहकर

समय ने आभा के गालों को अपनी हथेलियों से सहलाया। 'क्या मैं तुम्हारे पास आ जाऊँ?' आभा ने पूछा तो समय ने 'हाँ' में अपने सर को हिलाते हुए इशारा किया। आभा समय की बाँहों में चली गयी। समय को गले से लगाकर आभा को आज अलग सा सुकून महसूस हुआ। पूरी रात आभा समय के सीने से लगकर सो रही थी। इतनी गहरी नींद उसे आज तक कभी नहीं आयी थी।

सुबह होते-होते समय ने आभा को जगाया, 'आभा मुझे निकलना चाहिए, सुबह होने वाली है। मैं तुम्हें फोन करूँगा' कहकर सोती हुई आभा के माथे को चुमकर, समय उसी खिड़की से चला गया जिससे वह आभा के हॉस्टल के कमरे में दाखिल हुआ था। समय के जाने के बाद आभा फिर से अपना कंबल ओढ़े सो गई।

गुमशुदा 6

दूसरे दिन भी आभा के हॉस्टल में कोई नहीं था। दूर तक सन्नाटा फैला हुआ था। रात हो गई थी। आभा अपने कमरे में बैठ कुछ पढ़ रही थी। बिजली चली गयी, जो कि अक्सर होता रहता था। आभा अपने मेज़ की ड्राअर को टटोलने लगी ताकि उसे मोमबत्ती और माचिस मिल जाये। आभा ने मोमबत्ती जलाई। मोमबत्ती की रोशन में आभा ने खिड़की के पास एक परछाई महसूस की। उसे लगा जैसे कोई खिड़की में खड़ा था और उसे देख रहा था। आभा थोड़ी सी चौक गयी पर दूसरे ही पल उसे लगा शायद कल की ही तरह समय उससे मिलने आया हो। 'क्या वो तुम हो समय? आभा ने डरते हुए पूछा। कोई जवाब नहीं आया तो आभा खिड़की के पास चली गयी। उसने ध्यान से आसपास देखा, वहाँ कोई नहीं था। 'शायद यह मेरा वहम था' मन में सोच आभा वापस कमरे की तरफ मुड़ी। पीछे से आवाज़ आयी, 'आभा'। आभा ने पलटकर देखा समय कल की ही तरह खिड़की से अंदर आ रहा था।

आभा समय को देख बुरी तरह चौंक गयी। 'क्या हुआ आभा? इस तरह से क्यूँ देख रही हो?' समय ने आभा के पास आते हुए पूछा। 'मुझे थोड़ी देर पहले खिड़की के पास एक परछाई सी नजर आयी थी। मुझे लगा वह तुम थे' आभा अभी भी चौंकी सी खड़ी थी। 'मैं तो बस अभी-अभी आया हूँ आभा और जब मैं आया तो यहाँ कोई भी नहीं था' समय ने आभा को डरा हुआ देख अपने पास लेते हुए कहा। 'तुम्हें शायद कोई वहम हुआ होगा, अंधेरा है

ना बाहर इसलिए। चलो अब सब ठीक है, मैं आ गया हूँ ना तुम्हारे पास' समय ने मुस्कुराकर कहा।

आभा कुछ खोई खोई सी थी। समय ने उसे बहलाने की कोशिश की पर आभा का मन अब भी मानने को तैयार नहीं था कि खिड़की में कोई नहीं था।

पूरी रात आभा और समय ने बातें करते हुए गुजारी। आभा सारी रात समय के कंधे पर सर रखे रखे उसकी प्यारी बातें सुन रही थी। सारी रात हॉस्टल की बिजली गुल थी। आभा को अंधेरे से डर लगता था पर आज उसे यह अंधेरा अच्छा लग रहा था। मोमबत्ती के उजाले में वह समय का साथ महसूस कर रही थी, जो उसे बहुत अच्छा लग रहा था। समय का उसके इतने पास होना, समय की बातें सुनना आभा के मन को सुकून दे रहा था। 'कल हॉस्टल की सारी लड़कियाँ वापस आने वाली है' आभा ने समय से कहा। 'हाँ तो यह अच्छी बात है। मुझे तब तुम्हारी चिंता नहीं होगी' समय ने मुस्कुराकर कहा।

'तुम कल रात मेरे साथ नहीं होंगे न समय?' आभा ने दुखी होते हुए कहा। 'क्या तुम चाहती हो मैं फिर कल तुम्हारे पास आ जाऊँ?' समय ने आभा को छेड़ते हुए कहा। 'मैं चाहती हूँ, तुम हर रोज, हर रात मेरे यूँही पास रहो। मैं रातभर तुम्हारा हाथ यूँ ही थामे तुमसे बातें करती रहूँ' आभा ने फिर से समय के कंधे पर अपना सर रखते हुए कहा। 'मेरा क्या है! मैं तो आ जाऊँगा तुम्हारे पास पर क्या तुम्हें दुनिया का डर नहीं सताता?' समय ने कहा। 'हाँ डर तो लगता है पर दुनिया का नहीं, तुमसे दूर जाने का। मैं चाहती हूँ हम दोनों अदृश्य हो जाये और फिर किसी को भी नज़र ना आ पायें', आभा ने कहा तो समय हँसने लगा। 'सच में समय मुझे तुम्हारी लत सी लग गई है। मुझे कभी-कभी लगता है कि

अगर तुम मेरे पास नहीं तो इस ज़िंदगी का मैं क्या करूँगी' आभा ने फिर से भावुक हो कर कहा।

'कोई भी लत बुरी होती है, आभा। ज़रूरत से ज़्यादा किसी भी चीज़ से प्यार नहीं करना चाहिए' समय ने आभा का हाथ सहलाते हुए कहा। थोड़ी देर रूककर आभा ने कहा, 'समय तुम मुझे अपने घरवालों से कब मिला रहे हो?' 'घरवालों से क्यूँ?' समय ने आश्चर्य भरे स्वर में कहा। 'मैं उनसे मिलना चाहती हूँ समय' आभा ने ज़ोर देते हुए कहा। 'आभा....मैं तुमसे सब सच कहना चाहता हूँ, तुमसे कुछ भी नहीं छुपाऊँगा। मैं एक गरीब घर का इकलौता बेटा हूँ। मेरे पिताजी अब रिटायर्ड हो गये हैं और उनकी मामूली सी पेंशन आती है जिसमें गुजारा करना हमारे लिए बहुत मुश्किल है। मेरी माँ हमेशा बीमार ही रहती है, उन्हें दिल की बीमारी है। पिताजी और मैं चाहते हैं कि उनका किसी अच्छी जगह इलाज करवायें पर मजबूर हैं।

मेरी तनख्वाह भी ज्यादा नहीं है। जो भी मुझसे बन पाता है, मैं मेरे परिवार के लिए करने की कोशिश करता रहता हूँ। पर सच कहूँ मैं अपने आपसे खुश नहीं हूँ। मैं चाहता हूँ मैं और भी अच्छी नौकरी करूँ जिससे मुझे अच्छी सी तनख्वाह मिले और मैं अपने परिवार की ज़रूरतें पूरी कर पाऊँ' समय आभा का हाथ सहलाते हुए कह रहा था और आभा समय के कंधे पर सर रखे रखे बस! उसकी बाते सुन रही थी। 'तो अब आगे तुम क्या करना चाहते हो अपनी ज़िंदगी में?' आभा ने पूछा। 'मैं चाहता हूँ कि दुबई चला जाऊँ, वहाँ मेरे कुछ दोस्त हैं। पर.....' समय कहते कहते रूक गया। 'पर क्या समय?' आभा ने भारी मन से पूछा। 'पर मैं तुम्हें छोड़कर जाना नहीं चाहता' समय ने आभा की तरफ देख कहा। आभा ने एक लंबी सांस भरी। बिजली भी आ गई थी। वक़्त काफी हो चला था।

सुबह होते-होते समय ने आभा को नींद से जगाया, 'आभा मुझे अब चलना चाहिए'।

'अब कब मिलोगे समय?' आभा ने डबडबाई आँखों से समय की ओर देखते हुए पूछा। 'दुखी मत होओ आभा। हम लोग रविवार को मिलते हैं ना। मैं तुम्हें फोन करता हूँ, अपना ध्यान रखना, कहकर समय जाने लगा तो आभा ने उसका हाथ थाम लिया। 'मत जाओ ना समय। तुम्हारे बिना मेरा मन घबरा जाता है' आभा ने कहा। मैं कहीं नहीं जा रहा हूँ आभा। मैं तो तुम्हारे साथ ही रहता हूँ हमेशा....हमेशा। अपनी आँखें बंद करना और मुझे याद करना मैं पहुँच जाऊँगा तुम्हारे पास' कहकर समय ने आभा को गले से लगा लिया। समय आभा के कमरे की खिड़की से बाहर चला गया और आभा उसे जाते देख रही थी।

आभा समय के बारे में रोज सोचा करती। 'क्या समय को दुबई चले जाना चाहिए? क्या मैं समय की तरक़्क़ी के बीच बाधा बन रही हूँ? शायद समय मेरी वजह से अपने परिवार के प्रति जिम्मेदारी निभाने में कम पड़ रहा है। मुझे लगता है उसे दुबई चले जाना चाहिए। पर....अगर वह चला गया तो उसके बिना मैं कैसे ज़िंदा रह पाऊँगी। क्या मैं खुदगर्ज़ हो रही हूँ? अपनी खुशी के लिए समय को आगे बढ़ने से रोक रही हूँ' आभा यही सब सोचती रहती।

रविवार आभा और समय मिले। शाम का वक़्त हो चला था। आभा काफी देर से समय के लिए इंतजार कर रही थी। काफी देर बाद समय आभा से मिलने पहुँचा तब तक रात हो गयी थी।

'कितना वक़्त लगा दिया तुमने समय। मैं कब से अकेली खड़ी खड़ी तुम्हारा यहाँ इंतजार कर रही हूँ' आभा ने रूठते हुए कहा। 'मुझे माफ कर दो आभा मुझे थोड़ी देर के लिए ऑफिस जाना पड़

गया था। कुछ काम आ गया था। जल्दी-जल्दी अपना काम खत्म करके तुम्हारे पास ही आ रहा हूँ आभा को मनाते हुए समय ने अपनी सफाई में कहा। समय ने आभा को गुलाब का सुंदर फुल दिया और देर से आने के लिए फिर से उससे माफी मांगी। आभा ने मुस्कुराते हुए समय से वह फुल ले लिया। 'इस बार माफ कर रही हूँ। आईंदा से मुझे इंतजार मत करवाना' आभा ने समय की तरफ देख कहा।

आभा और समय पार्क के एक बेंच पर बैठ गये। 'एक बात कहूँ समय? मैं सोच रही थी तुम्हें दुबई चले जाना चाहिए।

मैं तुम्हारे और तुम्हारे परिवार के बीच आऊँ यह मैं नहीं चाहती। मैं चाहती हूँ तुम दुबई जाओ, अपने माता-पिता के लिए कुछ करो। एक अच्छा बेटा बन कर दिखाओ' आभा ने अपने मन की बात समय से कहने की कोशिश की। “और तुम्हारा क्या होगा? तुम रह पाओगी मेरे बगैर?' समय ने पूछा। 'नहीं! मुझे नहीं पता लेकिन मैं तुम्हें बड़ा इंसान बनते देखना चाहती हूँ।' आभा ने जवाब दिया। 'बड़ा इंसान तो मैं बनकर रहूँगा आभा पर तुमसे दूर जाने की कीमत पर नहीं। मैं तुम्हें छोड़कर नहीं जाऊँगा। तुम मेरी आत्मा हो आभा और कोई भी शरीर अपनी आत्मा के बगैर क्या ज़िंदा रह सकता है? आभा का हाथ थामते हुए समय ने कहा। 'तो तुम नहीं जाओगे?' आभा ने समय की ओर देखते हुए कहा। 'नहीं। कभी नहीं' समय की आँखों में एक चमक थी।

उसकी बातों में एक सच्चाई थी। फिर आभा कुछ नहीं बोली। वह समय का साथ पाकर बहुत खुश थी।

समय ने आभा से वादा तो कर दिया कि वह उसे छोड़कर कभी नहीं जाएगा पर क्या समय अपना वादा निभा पायेगा? क्या वाकई

में वह नसीब से लड़कर आभा का हाथ थामे रहेगा। यह तो वक़्त बतायेगा कि समय के वादे में कितनी सच्चाई थी या फिर यह सब बस कहने की बातें थी। या वाकई समय अपना वादा निभाएगा, हर हाल में जिते जी या उसके बाद भी।

गुमशुदा 7

आभा के कॉलेज की परीक्षायें शुरु होने वाली थी। आभा ने समय से वादा लिया कि जब तक उसकी परीक्षा खत्म नहीं होती, समय उससे नहीं मिलेगा। इस वजह से काफी दिन से समय और आभा नहीं मिले थे ना ही उन्होंने एक दूसरे को फोन ही किया था।

परीक्षा खत्म होने के बाद हॉस्टल की सारी लड़कियाँ छुट्टियाँ मनाने शिमला जाने वाली थी। आभा ने समय को फोन लगाया, 'हैलो! आभा कैसी रही परीक्षा' समय ने आभा को चहकते हुए पूछा। 'परीक्षा तो अच्छी रही समय लेकिन कल मैं मेरी सहेलियों के साथ शिमला के लिए निकल रही हूँ इसलिए मैं कुछ और दिन तुमसे मिल नहीं पाऊँगी' आभा ने कहा तो समय नाराज हो गया। 'कब लौटोगी? मुझे लगा था हम आज मिलने वाले हैं' समय ने भारी मन से कहा। 'अरे! नाराज मत हो समय मैं हमेशा के लिए थोड़ी न जा रही हूँ।

चार-पांच दिन में मैं लौट आ जाऊँगी। मैं तुम्हें बहुत मिस करने वाली हूँ समय। मेरा मन तो नहीं था जाने का पर दोस्तों ने बड़ी ही ज़ोर जबरदस्ती से मेरा नाम लिखवा दिया तो मुझे जाना पड़ेगा' आभा समय को समझाने की कोशिश करने लगी। 'काश! मैं तुम्हें अपने साथ ले जा पाती। कितना अच्छा होता' आभा कहती गयी। 'हाँ, तो चलो मैं भी आता हूँ तुम्हारे साथ। मैं नहीं चाहता तुम मुझे मिस करो' समय ने शरारती अंदाज में कहा। 'तुम मेरे साथ नहीं आ सकते। मैं मेरी सहेलियों के साथ जा रही हूँ, सॉरी'। आभा ने मुस्कुराते हुए कहा। 'यह तो नाइंसाफी है आभा। तुम मेरे साथ

ऐसा नहीं कर सकती' समय ने आभा को छेड़ते हुए कहा। 'अच्छा कोई बात नहीं आभा तुम जाओ। अपना ध्यान रखना।

और जल्दी लौट आना। मैं तुम्हारा इंतजार करूँगा' समय ने गंभीर होते हुए कहा।

'अपना ध्यान रखना आभा' समय ने फिर एक बार कहा। 'हाँ! और मैं तुम्हें बहुत याद करूँगी' आभा ने प्यारभरी आवाज में कहा।

दूसरे दिन आभा अपनी सहेलियों के साथ शिमला के लिए निकली। थकाने वाले सफ़र के बाद वह लोग दिल्ली से शिमला पहुँचे। अच्छे से हॉटल में उनकी रहने की व्यवस्था भी हो गई। रात में सब लोग जल्दी ही सो गये। आभा को समय की याद सताने लगी। 'काश़! समय मेरे साथ यहाँ होता' मन ही मन में सोच आभा दुखी हो रही थी। आभा से रहा नहीं गया उसने समय का फोन नंबर मिलाया। समय का फोन बंद था। 'शायद समय सो गया होगा' सोचकर आभा ने उस के फोन पर मैसेज छोड़ दिया। 'समय मैं शिमला पहुँच गयी हूँ। तुम्हें याद कर रही हूँ। बहुत ठंड है

यहाँ। काश़! इस प्यारी सी ठंड में तुम मेरे साथ होते। तुम्हारे प्यार की गरमाहट मैं मिस कर रही हूँ। 'सि यू सुन' लिखकर आभा ने फोन मेज पर रख दिया और सोने की कोशिश करने लगी।

सुबह जल्दी उठ सब लड़कियाँ तैयार हुई। आज पूरे दिन घूमने का प्लान था। ठंड बहुत थी। ठंडी हवायें भी चल रही थी। सब लोग घूमकर वापस होटल आ गये। आग के पास बैठे सारी लड़कियाँ बाते करने लगी, हँसी-मजाक चल रहा था पर आभा का इन चीज़ों में दिल नहीं लग रहा था। लगता भी कैसे आभा का मन समय के बारे में बार-बार जो सोच रहा था। समय से आभा की कल से बात भी नहीं हुई थी ना ही समय ने आभा के मैसेज का जवाब ही

दिया था। इतने हँसी खुशी के माहौल में भी आभा का मन कुछ उदास सा था।

दूसरे दिन पहाड़ों पर ट्रैकिंग का प्लान था। बड़े-बड़े पहाड़, उन पर दूर तक बरफ की परतें। बेहद खुबसूरत सा नजारा था। सुबह की खिलती धूप उन पर्वतों को और भी मनमोहक बना रही थी। ट्रैकिंग शुरू होने के थोड़ी ही देर बाद फिर से सर्द हवायें शुरू हो गयी। तेज हवाओं के बीच पहाड़ पर चढ़ना काफी मुश्किल भरा लगने लगा। पहाड़ पर चढते-चढ़ते सब लोग काफी थक गये थे। थोड़ी देर रूक कर वे सब वापस नीचे उतर आये। आभा काफी थकी सी लग रही थी। उसकी तबियत भी अब कुछ ठीक नहीं लग रही थी।

होटल पहुँचकर खाना खाये बगैर ही आभा सो गयी। सुबह शिल्पा ने आभा को जगाने की कोशिश की। 'शिल्पा' जो आभा के साथ उसके कमरे में ठहरी थी। 'उठो आभा! हमें कैंपिंग के लिए चलना है' शिल्पा ने आभा को निंद से जगाते हुए कहा। 'मेरी तबियत कुछ ठीक नहीं है शिल्पा।

शायद मैं आज तुम लोगों के साथ नहीं जा पाऊँगी। तुम लोग चले जाओ, मैं यही होटल में आराम करती हूँ' आभा ने शिल्पा से कहा। 'तुम चाहो तो मैं तुम्हारे साथ रूक सकती हूँ' शिल्पा ने कहा।

'मैं दवाई ले लूँगी, तुम मेरी चिंता मत करो। मेरी वजह से तुम अपनी छुट्टी खराब मत करो' आभा ने लेटे-लेटे ही जवाब दिया 'आभा तुम सोच लो, क्यूँकि सारी लड़कियाँ कल शाम से पहले वापस लौटने वाली नहीं है, तुम अकेली रह जाओगी'। शिल्पा ने आभा के पास बैठते हुए कहा। 'कोई बात नहीं शिल्पा मैं अपना ध्यान रखूंगी। तुम जाओ' आभा ने कहा। 'ठीक है आभा। तुम अपना ख्याल रखना। मैं होटल स्टाफ से कह जाती हूँ कि तुम्हारी तबियत ठीक नहीं है। कुछ भी प्रॉब्लम हो तो उन्हें कहना। हम

लोग जल्द ही वापस आ जायेंगे' कहकर शिल्पा कमरे से बाहर चली गयी।

आभा सो नहीं पा रही थी, उसे ठंड लग रही थी। ठंड से उसका सारा बदन कंपकपा रहा था। कल की सर्द हवाओं से आभा की तबियत बिगड़ गयी थी। उसने और ज्यादा गरम कपड़े पहने। थोड़ी राहत तो मिली पर आभा को लगने लगा था कि उससे भी मदद नहीं मिलेगी, बदन अभी भी ठंड से काँप रहा था। आभा ने कमरे में आग जलाई और आग से गरमाहट लेने की कोशिश करने लगी। आभा ने समय का नंबर मिलाया। अभी भी समय का फोन बंद आ रहा था।

आभा के कमरे की डोअर बेल बजी। आभा ने बड़ी मुश्किल से कमरे का दरवाजा खोला, देखकर हैरान रह गयी। हाथ में अपना बैग लिए और चेहरे पर एक प्यारी सी मुस्कान लिए दरवाजे पर समय खड़ा था। 'ओ माय गॉड! समय तुम यहाँ क्या कर रहे हो?

आभा ने बड़ी ही हैरानी से पूछा। 'क्या मैं अंदर आ सकता हूँ मैम?' समय ने शरारत भरे अंदाज में कहा। 'मैं मना करूँगी तो क्या तुम अंदर नहीं आओगे?' आभा ने मुस्कुराकर कहा। समय भीतर आ गया। आभा बड़ी ही बेकरारी से समय के गले लग गयी। 'मैं तुम्हे बहुत याद कर रही थी समय' आभा ने डबडबाई आँखों से कहा। समय ने आभा के आंसूओं को अपनी उंगलियों से पोंछा। आभा का शरीर कांप रहा था। 'क्या हुआ आभा क्या तुम्हारी तबियत ठीक नहीं है?' समय ने आभा के चेहरे की तरफ देख पूछा। 'तुम्हारे होंठ नीले से क्यूँ दिख रहे हैं?' आभा के होंठों की तरफ देख समय ने पूछा।

'कुछ नहीं' कल ट्रैकिंग के लिए गये थे ना तो थोड़ी ठंड लग गयी' आभा ने समय से नज़रे चुराते हुए जवाब दिया। 'क्या तुम्हें

यहाँ आते हुए किसी ने नहीं देखा?' आभा ने समय से पूछा। 'नहीं! शायद नहीं देखा। यह होटल इतना बड़ा नहीं है, मैंने बस किसी तरह तुम्हारे कमरे का नंबर ढूंढ निकाला और यहाँ आ गया तुम्हारे पास' समय ने मुस्कुराते हुए कहा। 'चलो अब बिस्तर पर लेट जाओ, तुम्हें आराम की ज़रूरत है' अपना बैग नीचे रखते हुए समय ने कहा। आभा को बिस्तर पर लिटाकर समय ने उसे कंबल ओढ़ाया। 'मै अभी आता हूँ' कहकर समय फ्रेश होने चला गया। कपड़े बदलकर समय वापस आभा के पास आकर बैठ गया। आभा का हाथ अपने हाथ में थामकर उसे हथेलियों से रगड़ने लगा। आभा का शरीर अभी भी तेजी से कांप रहा था।

'शायद तुम्हें ठंड की वजह से हाइपोथरमिया हो गया' समय ने उसी तरह आभा की हथेलियों को रगड़ते हुए कहा।

'मैं ठीक हूँ समय तुम चिंता मत करो। बस! मेरे पास यूँही बैठे रहो' आभा ने समय की बाँह को थामते हुए कहा। समय आभा के थोड़ा करीब होके बैठ गया। 'अच्छा यह बताओ तुम्हें कैसे पता चला कि मैं यहाँ इस होटल में ठहरी हूँ' आभा ने कंपकपाते होंठों से पूछा। 'दिल को दिल का रास्ता मिल ही जाता है आभा। मत पूछो मैंने कितनी मेहनत की है तुम्हें ढूंढ़ने के लिए' समय ने कहा। 'तो थोड़े दिन रूक नहीं सकते थे मेरे बगैर?' आभा ने समय की ओर देखते हुए कहा। 'आभा सच कहूँ, मुझे तुम्हारी बहुत चिंता हो रही थी। लग रहा था मानो मुझे तुम्हारे पास चले जाना चाहिए। लग रहा था जैसे तुम्हें मेरी ज़रूरत है' समय ने आभा की आँखों में झाँकते हुए कहा।

आभा के बदन की कंपकपाहट बढ़ रही थी।

आभा ने अब बात करना बंद कर दिया और अपनी आँखें बंद कर ली। 'आभा क्या तुम ठीक हो?' समय ने परेशान होकर पूछा।

आभा ने जवाब नहीं दिया। समय समझ रहा था, आभा की हालत ठीक नहीं है। उसने आभा के पैरों से मोजे उतारे, आभा के तलवों पर हाथ से रगड़कर वह उसे गरमाहट देने की कोशिश करने लगा।

'आभा क्या तुम मुझे सुन रही हो?' समय ने चिंता भरे स्वर में पूछा। 'आभा मैं तुम्हारे लिए रिसेप्शन से कुछ मदद ले कर आता हूँ' कहकर समय कमरे से बाहर निकलने लगा तो आभा ने उसका हाथ पकड़ लिया। 'समय प्लीज बाहर मत जाना।

किसी को अगर यह बात पता चली कि तुम इस तरह मेरे कमरे में मेरे साथ हो तो बड़ी बातें होंगी' आभा ने कंपकपाती आवाज में कहा। 'फिर क्या करे आभा? मैं तुम्हें इस तरह नहीं छोड़ सकता। तुम्हें इस ठंड से नुकसान पहुँच सकता है' समय ने आभा से कहा। 'मुझे नहीं पता पर तुम कमरे से बाहर नही जाओगे' आभा भी जिद्द पर अड़ी थी वह नहीं चाहती थी लोग उसके और समय के बारे में उल्टी सीधी बाते करें।

थोड़ी देर कुछ सोचकर समय ने कहा, 'आभा बुरा मत मानना पर मुझे अब तुम्हें अपने बदन की गर्मी से गरमाहट देनी पड़ेगी। इसके अलावा और कोई रास्ता नहीं है।'

आभा ने कुछ भी नहीं कहा। समय ने अपने सारे गरम कपड़े हटा दिये और आभा के पास कंबल में आकर बैठ गया। समय आभा के करीब लेट गया। आभा को समय ने अपनी बाँहों में भर लिया। आभा ने समय को किसी भी बात के लिए मना नहीं किया। वह समझ रही थी वाकई में उसे मदद की ज़रूरत है। समय ने थोड़ी देर यूँही आभा को अपनी बाँहों में समेटे रखा। आभा सुकून महसूस कर रही थी। समय के बदन की गरमाहट आभा अपने अंदर तक महसूस कर पा रही थी।

आभा समय के और करीब आ गयी और वह निंद की आगोश में चली गयी।

थोड़ी देर बाद जब आभा की आँख खुली तो उसने महसूस किया कि वह अभी भी समय से लिपटकर सो रही है। आभा के होंठ समय के गर्दन के पास थे और समय की गर्म सांसे वह अपने चेहरे पर महसूस कर रही थी। 'क्या तुम अब अच्छा महसूस कर रही हो आभा?' आभा को जगा देख समय ने पूछा। 'हाँ मैं अब ठीक हूँ' आभा ने उसे जवाब दिया। आभा के बदन की कंपकपाहट भी कम हो गयी थी। 'चलो अच्छा है तुम अब ठीक हो' कहते हुए समय आभा के पास से दूर हो कर उठ खड़ा हुआ। समय ने फिर से अपने कपड़े पहने। आभा उसे निहार रही थी। 'क्या हुआ आभा ऐसे क्यूँ देख रही हो?' समय ने आभा की तरफ देख पूछा।

'समय क्या तुम मुझे किस कर सकते हो?' आभा ने समय की आँखों में देख कहा। समय आभा के पास बैठ गया। 'तुम भावनाओं में बह रही हो आभा' आभा का चेहरा अपनी हथेलियों में लेकर समय ने कहा। 'मैं तुमसे प्यार करती हूँ समय। आज मैं तुम में अपने आप को खो देना चाहती हूँ। मैं चाहती हूँ कि आज के बाद मेरा कोई वजूद ना रहे, बस! मुझ में समय ही समय बाकी रहे' आभा अभी भी समय के आँखों में झांक रही थी। समय ने अब कुछ नहीं कहा। वह समझ रहा था आभा के मन में एक तुफान उमड़ रहा है जिसे रोक पाना अब नामुमकीन है। समय आगे बढ़ा। समय के होंठ अब आभा के होंठों के पास थे। वह दोनों एक दूसरे की सांसे महसूस कर पा रहे थे।

आभा ने अपनी आँखें बंद कर ली और समय ने अपने होंठ आभा के नर्म होंठों पर रख दिये। कितना सुकून था इन पलों में। इतनी कशिश आभा ने कभी महसूस नहीं की थी। आज जैसे मानो

समय और आभा अलग नहीं थे एक जान बन गये थे। दो पलों के बाद समय आभा से दूर हो गया तो आभा ने अपनी आँखें खोली। आभा के मन में जो समय के लिए प्यार था उसकी मदहोशी आभा के आँखों में देखी जा सकती थी। 'क्या तुम खुश हो आभा?' समय की बातों से आभा की मदहोशी टूटी। आभा ने कहा, 'मुझसे वादा करो समय तुम मुझे कभी भी छोड़कर नहीं जाओगे'। 'नहीं जाऊँगा। आभा तुम मेरी जान हो। अपने जान को छोड़कर मैं जा ही नहीं सकता। मैं तुमसे वादा करता हूँ, मौत भी मुझे तुमसे जुदा नहीं कर पायेगी।

मरने के बाद भी मैं तुम्हें छोड़कर नहीं जाऊँगा' समय ने फिर से आभा को गले से लगाते हुए कहा।

समय ने आभा से वादा किया पर क्या सच में मौत भी समय और आभा को अलग नहीं कर पायेगी? पता नहीं आने वाला पल दोनों की किस्मत में क्या लिखकर जाने वाला है।

गुमशुदा 8

आभा अब बेहतर महसूस कर रही थी। रात आभा और समय ने बातें करते हुए गुजारी। सुबह होते होते समय ने आभा से कहा, 'आभा, मुझे अब चलना चाहिए। मैं तुम्हें दिल्ली में मिलूँगा। अपना ख्याल रखना।' आभा नहीं चाहती थी कि समय उसे छोड़कर जाये पर बाकी लड़कियाँ कभी भी आ सकती थी। आभा ने समय को जाने की इजाजत दे दी।

दिल्ली वापस आने के बाद आभा ने समय को फोन मिलाया पर हमेशा की तरह समय ने फोन नहीं उठाया। काफी दिन गुजर चुके थे पर अभी भी ना ही समय का फोन लगा ना ही वह आभा से मिलने ही आया। आभा को अब चिंता सताने लगी। वह समय के बारे में सोच-सोचकर परेशान रहने लगी। 'मैं भी कितनी बेपरवाह हूँ। ना ही मैंने आज तक समय के घर का पता पूछा ना ही मैं उसके ऑफिस के बारे में जानती हूँ। समय भी मुझे बहुत परेशान

करता है। जब मुझे उससे मिलना होता है वह गायब हो जाता है। जब उसका मन करे तब मिलने आ जाता है। मुझे अब उसका इंतजार करना होगा दूसरा रास्ता नहीं है मेरे पास' आभा खुद को समझाती रह गयी।

एक तरफ तो आभा समय को मिस करती और दूसरी तरफ समय के साथ उसने जो अच्छे पल बितायें थे उन पलों की यादें आभा का मन बहलाती रहती।

रातों में जब आभा समय की कमी महसूस करती तकियें को अपने गले से लगाकर सोती। आभा तकिये की गरमाहट में समय के प्यार को महसूस करने की कोशिश करती।

दिन बीतते गये। आभा की समय से मिलने की बेकरारी बढ़ती जा रही थी पर वह बेबस थी, करती तो क्या करती। आभा पागल सी होने लगी थी। उसका कहीं भी मन नहीं लगता।

शिल्पा जो कि आभा की रूममेट थी, आभा के लिए चिंतित रहती। वह आभा का मन बहलाने की कोशिश करती रहती पर आभा थी जो बस अकेला रहना चाहती थी। शिल्पा ने आभा से काफी बार पूछने की कोशिश की, वह जानना चाहती थी कि चंचल, हमेशा खुश रहने वाली आभा क्यूँ बेजान हो गई है।

आभा ने शिल्पा के लाख पूछने पर भी अपनी हालत की वजह, समय के बारे में नहीं बताया। बस! हमेशा कुछ ना कुछ बहाना बना देती थी।

आभा को समय की बात याद आयी। एक बार समय ने उससे कहा था 'मुझे अपनी आँखें बंदकर के मन से आवाज देना। मैं तुम्हारे पास पहुँच जाऊँगा'। आभा ने अपने प्यार को आवाज दी 'समय कहाँ हो तुम? क्या तुम्हें मेरी परवाह नहीं? क्या अब तुम मुझसे प्यार नहीं करते? क्यूँ तुम इतने बेदर्द हो गये हो?

मेरे बारे में क्या तुमने एक बार भी सोचा नहीं?' समय को याद करते हुए, नम आँखों से आभा बिस्तर पर लेट गयी और निंद की आग़ोश मे चली गयी। सुबह बिस्तर पर पड़े पड़े ही आभा ने मन में सोचा' मैं जैसे ही अपनी आँखें खोलूँगी, शायद समय मेरे सामने होगा' आभा ने अपनी आँखें खोली, सामने समय को ना पाकर दुखी हो गयी। अगले ही पल उसने अपने आप को संभाला, 'क्या कोई

जादू होने वाला है कि मैं उसे याद करूँ और वह मेरे सामने आ जाये। मैं भी कितनी दिवानी हूँ जो कुछ भी सोच लेती हूँ।'

रोज की ही तरह शाम में आभा के कॉलेज की छुट्टी हुई। अपने ही विचारों में खोयी आभा कॉलेज के गेट से बाहर आयी।

पीछे से आवाज आयी 'आभा'। आभा ने पलटकर देखा, सामने समय खड़ा था। वह कब से आभा के कॉलेज के बाहर उसके लिए इंतजार कर रहा था। समय को यूँ अचानक सामने देख आभा की आँखों से आंसू छलक गये। समय आभा के करीब आया। समय ने अपनी उंगलियों से आभा के गालों पर बहते आंसुओं को पोंछते हुए कहा, 'कैसी हो जान?'

आभा ने समय को जवाब नहीं दिया। आभा समय से नाराज थी और रूठते हुए वह समय से बात नहीं करना चाहती थी। आभा कुछ बोले बगैर ही आगे निकल गयी। समय आभा के पीछे चलने लगा। दोनों थोड़ी दूर चलते हुए ऐसी जगह पहुँच चुके थे जहाँ उन्हें कोई नहीं देख रहा था। समय ने आगे बढ़कर आभा का रास्ता रोक लिया।

'सामने से हटो समय, मैं तुमसे कोई बात नहीं करना चाहती' आभा ने गुस्से से कहा। 'मुझे पता है आभा तुम मुझसे नाराज हो और होना भी चाहिए। मैं इतने दिनों से तुमसे मिलने नहीं आया और मैंने तुम्हें फोन भी नहीं किया। तुम मुझसे झगड़ा करो आभा, कुछ भी कहो पर मुझसे इस तरह नाराज मत हो' समय ने आभा का हाथ पकड़ते हुए कहा। 'कितने खुदगर्ज हो तुम समय। तुम चाहो तब मुझसे मिलने आते हो, जब चाहो तब मुझे फोन करते हो। चाहे जब मेरे हॉस्टल में हो या फिर शिमला के होटल में अपनी मनमर्जी चले आते हो। कभी मेरे बारे में सोचा है? मैं तुमसे किस

तरह मिलूँ?' तुमसे कैसे बात करूँ? ना तुम्हारा फोन लगता है ना ही तुमने मुझे तुम्हारा पता दिया है। मैं तुम्हें ढूंढू तो कैसे?'

आभा समय पर सच में बहुत ज्यादा नाराज थी। 'मैं तुम्हारे लगाये सारे इल्जाम मानता हूँ। आभा पर इस बार सच में कुछ वजह थी' समय ने दुख भरे आवाज से कहा। 'क्या वजह थी? यही ना कि अब तुम मुझसे बोर हो गये हो या फिर मैं तुम्हें परेशान करने लगी हूँ। समय क्या तुम्हें किसी और लड़की से प्यार हो गया है? क्या अब तुम मुझे नहीं चाहते? आभा की आँखों से आँसू छलक रहे थे।

'नहीं! ऐसी कोई बात नहीं है आभा। प्लीज मुझ पर यह इल्जाम लगाने से पहले एक बार मेरी बात सुन लो' समय ने आभा के आँसू पोंछते हुए कहा। 'मेरे साथ चलो, हम लोग बैठकर बात करते हैं प्लीज' समय ने आभा से कहा। 'नहीं मुझे नहीं आना है तुम्हारे साथ और मुझे कोई बात भी नहीं सुननी है' आभा ने रूठते

हुए कहा। 'प्लीज एक बार मेरी बात सुन लो' समय ने रिक्वेस्ट करते हुए कहा। 'ठीक है मैं रात में मिलती हूँ तुमसे पार्क में, मुझे अभी ज़रूरी काम है' आभा ने समय से मिलने के लिए हामी भर दी। 'और सुनो, अगर मुझे बुलाकर तुम वहाँ नहीं पहुँचे तो सारी उम्र मैं तुमसे बात नहीं करने वाली' आभा ने समय की तरफ पलटकर कहा। 'नहीं ऐसा नहीं होगा। मैं तुम्हारा इंतजार करूँगा' समय ने मुस्कुराकर कहा। आभा अपने हॉस्टल की तरफ निकल पड़ी।

रात हो चली थी। समय आभा के लिए पार्क के एक बेंच पर बैठा इंतजार कर रहा था। समय ने आभा को अपनी तरफ आते देखा तो वह अपनी जगह से उठकर आभा की तरफ चलने लगा। समय ने आभा के पास पहुँचकर उसे बड़ी ही बेकरारी से गले लगाया। आभा भी इतने दिनों के बाद समय को अपने पास महसूस

कर खुश थी। समय और आभा बेंच पर बैठ गये। "कहाँ चले जाते हो तुम समय इस तरह? तुमने कभी सोचा है तुम्हारे इस तरह बर्ताव करने से मुझ पर क्या बीतती होगी। कम से कम मुझे बता तो दिया करो कहाँ जा रहे हो, कब लौटोगे। तुम अपना फोन भी बंद रखते हो। क्यूँ बंद कर रखा था फोन अपना? मेरा फोन नंबर है ना तुम्हारे पास कम से कम एक फोन तो कर देते मुझे' आभा ने जैसे मानो शिकायतों की लड़ी लगा दी हो। समय ने कुछ नहीं कहा बस! आभा का हाथ थामे थामे उसकी शिकायत सुन रहा था। 'अब बोलोगे भी समय कहाँ चले गये थे तुम? इतना क्या ज़रूरी काम आ गया था जो मुझे बताये बगैर गायब हो गये थे' समय की चुप्पी आभा से सहन नहीं हुई। थोड़ा रूककर, खुद को संभाले समय ने कहा, 'आभा! माँ नहीं रही, उनका देहांत हो चुका है'। 'क्या कह रहे हो तुम समय?' आभा ने चौंककर कहा।

'मैं जब तुमसे मिलकर, शिमला से लौटा तो पापा का फोन आया। माँ की हालत ठीक नहीं थी। मैं तुरंत घर लौटा। माँ को बचाने की डॉक्टर्स ने काफी कोशिश की पर वह नहीं बच पायी। मैं इतने दिनों से घर पर ही था। माँ का अंतिम संस्कार किया, उनकी अस्थियाँ गंगा में बहाकर कुछ दिन पहले ही दिल्ली लौटा हूँ। आते आते पापा को भी अपने साथ ले आया' समय ने अब तक आभा का हाथ अपने हाथ में ही थामे रखा था।

'मुझे बहुत दुख है समय। मुझे इस बारे में कुछ भी पता नहीं था' आभा ने समय की तरफ दुख भरी नजरों से देख कहा। 'कोई क्या कर सकता था आभा। बस! पापा के लिए मुझे बुरा लगता है, वह एकदम अकेले हो गये हैं' समय ने आभा की तरफ देख कहा। 'तुम्हें अपने पापा का ध्यान रखना पड़ेगा समय और खुद का भी।

तुम इतनी परेशानी में थे और मैं तुम्हें यहाँ कोसती रहती थी। मुझे इस बात का दुख है कि मैं माँ से कभी मिल नहीं पायी। काश!

एक बार मैं उनसे मिल लेती' आभा ने कहा। 'चलो आभा, मैं तुम्हें अब हॉस्टल छोड़ देता हूँ। रात काफी हो चली है' समय ने बस यह कहा। समय और आभा पैदल ही आभा के हॉस्टल की तरफ चल पड़े। पार्क आभा के हॉस्टल से ज्यादा दूर नहीं था। चलते-चलते समय ने फिर से आभा का हाथ थाम लिया। 'एक बात कहूँ आभा?' समय ने आभा की तरफ देख पूछा। 'हाँ कहो' आभा ने भी समय की तरफ देख जवाब दिया। 'तुम मुझसे वादा करो कि तुम अपना ख्याल रखोगी, तब भी जब मैं तुम्हारे पास नहीं होऊँगा। मैं नहीं चाहता मेरी ज़िंदगी में वह दिन आये जिस दिन मुझे तुम्हारे बिना जीना पड़े' समय चलते-चलते रूक गया था।

आभा ने समय की तरफ देखा, समय की आँखों से आंसू बह रहे थे। 'कितना प्यार करते हो तुम मुझसे समय। मैं तुम्हें वादा करती हूँ मैं तुम्हारे लिए खुद का ध्यान रखूँगी। तुम्हारे लिए जिंदा रहूँगी पर जब तक तुम मेरे साथ हो तब तक। अगर तुम मुझे छोड़कर चले गये तो, ना ही यह वादा रहेगा ना ही मैं' आभा ने समय की तरफ देख कहा। समय ने आभा को अपने गले से लगा लिया।

आभा को हॉस्टल छोड़ समय वापस चला गया। उस दिन के बाद समय और आभा हर रोज मिलते रहे। आभा समय को दुख से बाहर निकालने की कोशिश करती। समय भी वक़्त के साथ चलता रहा। आभा का साथ पाकर वह खुद का गम भुलाने की कोशिश करता रहा।

वक़्त बितता गया। आभा और समय का प्यार और गहरा होता चला गया।

पर क्या आभा और समय का प्यार मुक्कमल हो पायेगा? जो दो लोग एक दूसरे के बिना जीना नहीं चाहते थे क्या उनकी तकदीर

भी यही चाहती थी? शायद इन सवालों के जवाब वक़्त के पन्नों में छुपे हैं। एक एक पन्ना खुलता रहेगा और समय और आभा के तकदीर का फैसला सामने आता जायेगा।

गुमशुदा 9

कॉलेज के तीन साल गुजर चुके थे। इन तीन सालों में आभा समय से पूरी तरह से मानों जुड़ चुकी थी। समय के बिना एक दिन भी आभा का गुजारा मुमकीन नहीं था।

एक दिन हमेशा की तरह आभा और समय पार्क में मिले जहाँ वह हमेशा मिला करते थे। आभा ने कहा, 'समय मेरे कॉलेज के तीन साल पूरे होने वाले हैं। अब! मुझे वापस अपने घर लौटना पड़ेगा। मम्मी-पापा मुझे याद करते रहते हैं। वे चाहते हैं कि मैं अपने शहर वापस लौट जाऊँ और वहीं पर जॉब कर लूँ।

'क्या तुम यहाँ दिल्ली में ही नहीं रूक सकती? यहाँ पर तुम्हें अच्छी नौकरी भी मिल जायेगी' समय ने कुछ सोचते हुए कहा। 'नहीं! दरअसल मम्मी-पापा चाहते हैं कि मैं कुछ दिन उनके पास रहते हुए जॉब कर लूँ।

वे लोग मेरे लिए लड़का ढूँढ़ रहे हैं। मेरी जल्दी ही शादी कराना चाहते हैं' आभा ने समय का हाथ अपने हाथ में लेते हुए कहा।

'इससे पहले मेरे माता-पिता मेरे लिए वर ढूँढ़े, मैं तुम्हें उनसे मिलवाना चाहती हूँ। मैं उन्हें बताना चाहती हूँ कि मैं तुमसे प्यार करती हूँ और तुमसे ही शादी करना चाहती हूँ। मुझे यकीन है कि वे मेरी खुशी के बारे में, तुम्हारे और मेरे संबंध के बारे में ज़रूर सोचेंगे'। आभा ने समय का हाथ अपनी हथेली से सहलाते हुए कहा। समय ने कुछ नहीं कहा। 'तुम कुछ कहोगे नहीं समय?' आभा ने समय की तरफ अपनी नज़रें उठाते हुए कहा। समय अभी भी चुप

था। उसकी खामोशी आभा का दिल चिर गयी। 'कुछ तो कहो समय प्लीज! यूँ चुप मत रहो' आभा ने समय की तरफ देख कहा।

'मैं क्या कहूँ तुमसे आभा। पहली बात तो तुमने मुझे बोले बगैर वापस जाने का मन बना लिया।

मैं तुम्हारे लिए यहाँ आया था और अब तुम वापस जाने की बात कर रही हो। क्या सोचा तुमने, मैं दिल्ली में तुम्हारे बगैर क्या करूँगा?' समय ने नाराज होते हुए कहा। 'तुम भी वापस चलो ना मेरे साथ हम लोग वहीं पर जॉब भी कर लेंगे और फिर शादी के बाद वहीं पर सेटल्ड भी हो जायेंगे' आभा की आँखों में एक चमक सी थी। 'आभा अब यह मुमकीन नहीं। वापस उस छोटे से शहर में जाकर मैं कोई मामूली सी नौकरी नहीं करना चाहूँगा' समय ने कहा। 'फिर तुम यहीं रूक जाओ। मैं कुछ दिन माँ-पिताजी के पास रह लूँगी और फिर शादी के बाद यहाँ वापस आकर कोई जॉब ढूँढ़ लूँगी' आभा ने बिना सोचे ही कह दिया।

'तुम नहीं समझ रही हो आभा। मैं तुम्हारे माँ-पिताजी से क्या कहूँगा। य़ह कि मैं दिल्ली में एक कम आय वाली नौकरी करता हूँ जिससे मेरा खुद का ही बड़ी मुश्किल से गुजारा हो पाता है?। ना ही मेरे पास खुद का घर है ना ही बैंक बैलेंस है' समय खुद से ही नाराज होते हुए कह रहा था। 'देखो समय वक़्त हमेशा एक जैसा नहीं रहता। मुझे यकीन है आज नहीं तो कल तुम ज़िंदगी में अच्छा करोगे, मैं हूँ ना तुम्हारे साथ' आभा ने समय की ओर देखते हुए कहा। 'तुम्हारी बात ठीक है आभा पर मैं अभी शादी के बारे में सोच नहीं सकता। मुझे थोड़ा वक़्त चाहिए' समय ने नज़रे नीचे रखते हुए कहा। 'समय मेरे पास वक़्त नहीं है। मेरे माता-पिता को मैं ज्यादा दिन रोक नहीं पाऊँगी। हमारे यहाँ लड़कियों की शादी जल्दी ही करा देते हैं। मैं बड़ी मुश्किल से उन्हें दो

साल से मना कर रही हूँ, नहीं तो अब तक वे मेरी शादी कहीं तय कर चुके होते' आभा समय को अपनी परेशानी समझाने की कोशिश कर रही थी। 'कम से कम मुझे तुम्हारे बारे में उनसे बात करनी पड़ेगी नहीं तो वह कोई और लड़का मेरे लिए पसंद कर लेंगे और मैं कुछ नहीं कर पाऊँगी' आभा और परेशान होते हुए कहने लगी। 'ठीक है। आभा तुम्हें जैसे ठीक लगता है करो' समय ने कुछ सोचने के बाद एक लंबी सांस भरते हुए कहा।

कुछ दिन बाद आभा अपने शहर अपने माता-पिता के पास वापस लौट आयी। समय से कुछ दिन जुदा होना जितना आभा के लिए मुश्किल था उतना ही समय के बारे में अपने पेरेंट्स के साथ बात करना ज़रूरी था।

समय से विदा होते हुए आभा की आँखों में आंसू थे पर एक हौसला भी था जिस के सहारे वह अपने आने वाले कल की नींव रखने वाली थी।

आभा से जुदा होते हुए इस बार समय का चेहरा खाली था, जैसे उसके मन में कुछ भी बचा ना हो। ना दुख, ना खुशी, ना बेचैनी। बस! उसने कहा, 'जान अपना ख्याल रखना'। 'मैं जल्द ही तुम्हें वहाँ बुलाती हूँ समय। हम जल्दी ही मिलेंगे' आभा ने समय के गले लगते हुए कहा।

आभा को अपने शहर अपने घर वापस आये कुछ हफ़्ते गुजर गये थे। आभा अपने माता-पिता के साथ खुश तो थी पर समय की कमी भी उसे खल रही थी।

एक दिन शाम के वक़्त आभा टहल रही थी। समय की यादों में डूबी, दूर सूर्यास्त होते हुए देख रही थी। आभा के फोन पर एक मैसेज आया वह समय का था। समय ने लिखा था, 'जान मैं तुमसे मिलने आ रहा हूँ।

तुम कहाँ हो बताओ' आभा मैसेज देखकर खुश हुई। समय उससे मिलने उसके शहर आया था। जहाँ आभा खड़ी थी आभा ने समय को उस जगह के बारे में बताया। वहीं रूकना मैं दस मिनट में वहाँ पहुँचता हूँ' समय ने आभा के मैसेज का जवाब लिखा।

शाम हो चली थी। सुनसान सी जगह पर खड़ी-खड़ी आभा समय का इंतजार करने लगी। दूर कहीं पहाड़ों के पीछे से डूबते सूरज की रोशनी बहुत सुंदर लग रही थी। पहाड़ों की चोटियाँ लाल नारंगी रंग से रंगी किसी दुल्हन की तरह लग रही थी। आभा के मन की खुशी उन रंगों को और गहरा बना रही थी।

किसी ने पीछे से आभा के कंधे पर हाथ रखा। आभा जो कि अब तक सूर्यास्त के मनमोहक रंगों में खोई थी चौंक गई। आभा ने चौंककर पीछे मुड़कर देखा, उसके पीछे समय खड़ा था।

'नहीं रह पायें ना मेरे बगैर?' आभा ने चेहरे पर मुस्कान और आँखों में खुशी के आँसू भरते हुए कहा। 'हाँ, नहीं रह पाया मैं तुम्हारे बगैर। प्यार जो करता हूँ तुमसे,' समय ने आभा की आँखों में देखकर कहा। समय ने बड़ी ही बेकरारी से आभा को अपनी बाँहों में भर लिया। 'आज तुमसे नहीं मिलता तो शायद मैं मर ही जाता' समय की धड़कने तेज तेज चल रही थी। 'मान लो समय के तुम मेरे बगैर जी नहीं सकते' आभा ने समय को छेड़ते हुए कहा। 'मैं जब तक जिंदा हूँ तुम्हारी सांसे चल रही है। इसलिए मुझ से दूर रहने के बारे में सोचना भी नहीं' आभा की आँखों में समय से मिलने की चमक देखी जा सकती थी। 'मैं मानता हूँ आभा। तुमसे दूर रहकर मैंने देख लिया' समय ने फिर से आभा को अपनी आग़ोश में लेते हुए कहा।

'मैं कल ही पिताजी से तुम्हें मिलवाती हूँ' आभा ने कहा।

आभा खुश थी कि अब उसका सपना सच होने वाला है। समय से शादी करके दुनिया की सबसे बड़ी खुशी उसे मिलने वाली है पर........। पर आभा को पता नहीं था उसकी हँसती खेलती ज़िंदगी यही से एक नया मोड़ लेने वाली है, जहाँ शायद यह खुशियाँ उसे दुबारा नसीब ना हो पायेंगी। रात को आभा ने माँ-पिताजी से समय के बारे में बात करने का फैसला किया। वह चाहती थी पहले समय के बारे में अपने पेरैंट्स को बतायें फिर समय को उनसे मिलाये। बड़ी ही हिम्मत जुटाकर आभा ने माँ-पिताजी से समय के बारे में बात की। पहले तो पिताजी बहुत नाराज हुए, 'तुम दिल्ली पढ़ने गयी थी कि यह सब करने गयी थी'

आभा ने उन्हें समझाने की कोशिश की, 'पिताजी मैं समय से प्यार करती हूँ। आप एक बार मेरी पूरी बात तो सुनिये'। 'लड़का क्या करता है?' पिताजी ने पूछा। 'वह अभी तो छोटी-मोटी नौकरी ही करता है पर पिताजी मुझे उस पर यकीन है। समय बहुत ही होशियार है, जल्दी ही उसे अच्छी नौकरी मिल जायेगी' आभा ने सच्चाई पिताजी को बताना ही ठीक समझा। 'तनख्वाह कितनी है उसकी?' पिताजी समय से मिलने से पहले उसके बारे में कुछ बातें जानना चाह रहे थे। 'ज्यादा नहीं बस गुजारा हो जाता है। और पिताजी मैं भी तो जॉब करूँगी। हम दोनों की मिलाकर तनख्वाह काफी हो जायेगी' आभा ने जवाब दिया।

'देखो आभा, मैं तुम्हें ज़िंदगी में खुश देखना चाहता हूँ। तुम अपने पसंद के लड़के के साथ शादी करना चाहती हो तो ठीक है, मेरी तरफ से तुम्हें कोई परेशानी नहीं होगी पर कम से कम उस लड़के की औकात तो होनी चाहिए तुमसे शादी करने की।

मैं समय से तब मिलूँगा जब उसकी तुमसे शादी करने की हैसियत बन जाये। उससे कहना कुछ बन कर दिखाये और फिर

तुम्हारा हाथ माँगने के लिए मेरे सामने आये' पिताजी ने समय से मिलने से मना कर दिया। आभा ने उन्हें समझाने की कोशिश की पर पिताजी नहीं माने।

रातभर आभा रोती रही। 'समय को सच्चाई तो बतानी पड़ेगी। पर कौन से मुँह से मैं समय को यह सब बातें बताऊँ? मैं कैसे उसे बताऊँ कि उसकी मामूली सी नौकरी और मामूली सी तनख्वाह की वजह से पिताजी ने उससे मिलने से मना कर दिया। समय को कितना बुरा लगेगा। पर सच्चाई उसे बतानी ही पड़ेगी।' आभा समय से बात करने के लिए, रातभर अपना मन पक्का कर रही थी।

दूसरे दिन समय आभा का इंतजार कर रहा था। आभा के माता-पिता से मैं कैसे मिलूँगा, कैसे बात करूँगा' यह सब सोचकर खुद को उनके सामने लाने के लिए तैयार कर रहा था।

काफी देर हो गयी थी आभा अब तक समय से मिलने नहीं पहुँची। देर तक इंतजार करते हुए समय उसी जगह खड़ा था जहाँ आभा और समय ने आज मिलने का वादा किया था। समय ने महसूस किया कि कुछ तो सही नहीं है क्यूँकि आभा तो कभी देर से नहीं आती बल्कि मुझसे भी पहले वह मिलने आ जाती है। क्या हुआ होगा आभा के घर पर? सोच सोचकर समय को अब चिंता सताने लगी।

काफी देर बाद दूर से आती हुई आभा समय को दिखाई पड़ी। आभा समय के पास आकर खड़ी हो गयी, उसकी आँखें गुलाबी थी, चेहरा उतरा सा था।

'क्या बात है आभा तुम कहाँ थी अब तक? और यह तुम्हारी आँखें लाल क्यूँ है? क्या तुम रात में ठीक से सोयी नहीं? क्या तुम रो रही थी?' आभा को देख समय को चिंता होने लगी।

'कुछ तो कहो आभा। यूँ चुप रहोगी तो कैसे चलेगा' आभा को चुप देख समय और ज्यादा परेशान होने लगा था। आभा रोने लगी उसके आँखों से आँसू बहने लगे। 'क्या घर पर कुछ हुआ है? क्या तुम्हें किसी ने डाँटा? समय आभा की तकलीफ की वजह जानना चाह रहा था। 'पिताजी ने तुमसे मिलने से मना कर दिया'

आभा ने समय की आखों में देख कहा। 'क्यूँ?' समय आभा से वजह जानना चाह रहा था। आभा अब भी चुप थी। 'कहो आभा प्लीज यूँ चुप मत रहो' समय ने जोर देकर कहा। 'और हाँ सब सच-सच बताना मुझसे कुछ भी मत छुपाना' समय ने गंभीर होते हुए कहा।

आभा ने सब सच समय को बताया। 'पिताजी चाहते हैं कि जब तुम कोई अच्छी जॉब कर लो या फिर किसी अच्छी सैलरी वाली पोस्ट पर चले जाओ, वह तब तुमसे मिलेंगे'।

'मुझे माफ करना समय। शायद तुम सही थे। मुझे इतनी जल्दबाजी नहीं करनी चाहिए थी। मैंने तुम्हारी एक नहीं सुनी।

पिताजी अभी तुमसे मिलना नहीं चाहते, वह चाहते हैं ज़िंदगी में कुछ अच्छा करो तभी मेरा हाथ माँगने मेरे घर आ सकते हो' आभा ने कहा। 'कोई बात नहीं आभा, इसमें तुम्हारी गलती नहीं है। बल्कि मैं खुद उनसे तब मिलना चाहता था जब ज़िंदगी में कुछ अच्छा कर पाऊँ, तुम्हारे लायक बन जाऊँ। मैं तुम्हारे पापा के निर्णय का सम्मान करता हूँ आभा। चलो मुझे अब चलना चाहिए' कहकर समय पलटा तो आभा ने उसका हाथ पकड़ लिया, 'समय ऐसे मुझसे नाराज होकर मत जाओ, मैं खुद को कभी माफ नहीं कर पाऊँगी। थोड़ी देर मेरे पास ही रूक जाओ' आभा ने कहा।

'मैं तुमसे नाराज नहीं हूँ आभा बस! थोड़ी देर अकेला रहना चाहता हूँ। मैं तुम्हें फोन करता हूँ' कहकर समय वहाँ से चला

गया। आभा वहीं एकांत में खड़ी समय को दूर जाते हुए देखती रह गयी। 'आज मेरी वजह से समय को बहुत दुख पहुँचा है' आभा समझ रही थी।

शाम हो चली थी, परछाईयाँ धुंधली हो रही थी पर अभी भी आभा वहीं खड़ी थी। वह घर वापस जाना नहीं चाहती थी। अपने ही विचारों में खोयी आभा ने महसूस किया उसके बगल में कोई आकर खड़ा है। कौन हो सकता है? क्या समय लौट आया है? उसने खुश होकर पलटकर देखा वहाँ कोई नहीं था।

शायद ढ़लती हुई शाम की बुझती रोशनी की वजह से उसे कुछ परछाई सी महसूस हुई, 'यह मेरा वहम हो सकता है' आभा ने खुद को समझाया। 'पर क्यूँ यह आभास मुझे बार-बार होता है? क्यूँ मुझे यूँ महसूस होता है कि मेरे आसपास कोई होता है, हर वक़्त हर पल। क्यूँ मुझे यह धुंधली सी परछाई दिख जाती है। सोचते हुए आभा घर की तरफ चल पड़ी।

गुमशुदा 10

दूसरे दिन आभा के फोन पर समय का मैसेज था, वह आभा से मिलना चाह रहा था।

हमेशा की ही तरह शाम के वक़्त दोनों उसी जगह पर मिले। एकांत था, आने जाने वाला कोई नहीं। दूर तक पहाड़ की चोटियाँ देखी जा सकती थी। हमेशा की ही तरह डूबते हुए सूरज ने उन पहाड़ों को अपने लाल नारंगी रंगो से ढ़का हुआ था। पंछियों की आवाजों के अलावा हर जगह शांति छाई हुई थी। समय और आभा भी चुपचाप खड़े थे। हाथों में हाथ डाले बस अनंत की तरफ ताक रहे थे।

'मैं कुछ ही दिनों में दुबई के लिए निकल रहा हूँ आभा' खामोशी को चिरते हुए समय ने कहा। 'यह क्या कह रहे हो तुम समय? होश़ में हो?' आभा को अपने कानों पर मानो यकीन ना हो रहा हो। 'हाँ, मैंने जाने के इंतजाम शुरू कर दिये हैं। आने वाले कुछ हफ़्तों में मेरा कागजी काम पूरा हो जाएगा और

मैं दुबई के लिए निकला जाऊँगा' समय क्षितिज की तरफ देखते हुए कह रहा था। 'तुम मेरे साथ ऐसा नहीं कर सकते हो समय। तुम मुझे यहाँ अकेले छोड़कर नहीं जा सकते' आभा को समझ नहीं आ रहा था कि समय को कैसे समझायें।

'मेरी हालत तुमसे छिपी नहीं है आभा। मैं चाहता हूँ कि मैं ज़िंदगी में कुछ करूँ, कुछ बन जाऊँ फिर मैं तुम्हारा हाथ तुम्हारे घरवालों से माँगू। मैं तुम्हारे काबिल बनना चाहता हूँ आभा'। समय ने आभा की तरफ देखते हुए कहा। 'कब लौटोगे?' आभा ने रोनीसी आवाज में पूछा। 'मुझे नहीं पता मुझे लौटने में कितना वक़्त लग जाएगा पर अब लौटूँगा तभी जब मैं अपना मुक़ाम हासिल कर लूँगा। मैं कल ही दिल्ली के लिए निकल रहा हूँ। जाते-जाते तुमसे मैं मिलना चाह रहा था' समय ने शांत चेहरे से कहा।

'प्लीज मत जाओ ना समय। हम यहाँ पर ही तुम्हारे लिए अच्छी जॉब ढूँढ़ लेंगे। तुम्हें दुबई जाने की कोई ज़रूरत नहीं है' आभा समय के सामने मानो गिड़गिड़ाने लगी। 'नहीं आभा मैंने काफ़ी सोचा। यहाँ मेरा कोई भविष्य नहीं। इस बार मुझे कुछ फैसले लेने हैं जो मेरे लिए बेहद ज़रूरी है' समय ने अपना मन पक्का करते हुए कहा। 'और मैं। मैं तुम्हारे लिए ज़रूरी नहीं? सोचो कितने दिन तुमसे दूर रह पाऊँगी मैं समय। इस बीच अगर घरवालों ने मेरी शादी कहीं और करा दी तो? क्या तुम मेरे बगैर ज़िंदगी भर रह लोगे? नहीं। यह तुम्हारा फैसला सही नहीं है समय। मैं अब भी यही कहूँगी ठंडे दिमाग से सोचो, कुछ ना कुछ रास्ता निकल ही आयेगा' आभा ने समय को समझाने की कोशिश की। 'आभा मुझे माफ करना, मैं इस बार नहीं रूकुँगा। मैंने अपना मन बना लिया है।

तुम्हें मेरे लिए इंतजार करना पड़ेगा। मुझे थोड़ा वक़्त देना होगा। किसी और से शादी करने के बारे में सोचना भी मत क्यूँकि मेरे जीते जी मैं तुम्हें किसी और का होने नहीं दूँगा' आज समय की बातों में एक जुनून सा था। वह आज किसी की बात सुनने वाला नहीं था। 'ठीक है तुम जाओ, अपना भविष्य बनाओ। मैं तुम्हारा इंतजार करूँगी और जिस दिन मेरा हौसला टूट जायेगा मैं

इन्हीं पहाड़ों से कूदकर अपनी जान दे दूँगी' आभा भी अब रूकने वाली कहाँ थी।

'खबरदार आभा! ऐसा सोचना भी मत। मैं यह सब तुम्हारे लिए ही तो कर रहा हूँ और तुम्हें पता नहीं, मैं तुम्हें मेरे बगैर मरने भी नहीं दूँगा। तुम्हारी जान मेरी अमानत है अब इस पर तुम्हारा कोई हक नहीं' समय ने आभा की तरफ देखते हुए कहा। 'समय मैं बस इतना कहूँगी कि तुम मुझे छोड़कर गये तो हमेशा के लिए मुझे खो दोगे' आभा ने भी गुस्से से समय की तरफ देख कहा। 'तुम्हें मुझसे कोई छीन नहीं सकता है आभा, तुम भी नहीं। तुम चाहे जितनी कोशिश कर लो, मुझसे खुद को अलग नहीं कर पाओगी' समय ने आभा को अपनी बाँहों में थामते हुए कहा। आभा फुटफुटकर रो रही थी पर वह बेबस थी जानती थी अब बात उस के हाथों से बाहर निकल चुकी है। समय किसी भी कीमत पर उसकी बात मानने वाला नहीं था। आभा चाहती थी बस समय से लिपटकर रोती रहे। यह कुछ पल, समय का साथ, उसका स्पर्श वह अपने मन में समेट कर रखे।

समय के वापस आने तक उसकी इन यादों को वह अपने पास संभाल के रख सके। आभा को समय की बाँहों का यह सहारा हमेशा हिम्मत दे सके उसके बगैर कुछ साल काटने के लिए। 'अब मुझे चलना चाहिए आभा रात होने वाली है। मैं तुम्हें तुम्हारे घर तक छोड़ दूँ' समय ने आभा को अपने आप से दूर करते हुए कहा। आभा भी शांत हो गयी थी। उसने समय से कुछ नहीं कहा।

समय ने आभा को उसके घर तक छोड़ा। आभा को बड़ी ही बेकरारी से गले से लगाकर समय ने उसका माथा चुम लिया। 'मेरा इंतजार करना, मैं जल्दी ही लौट आऊँगा' कहकर अपना हाथ आभा के हाथ से छुड़ाकर समय चला गया।

रात हो गयी थी। रास्तों पर लगे दीयों की धुंधली सी रोशनी में आभा समय को जाते हुए देखती रही। समय ने पीछे पलटकर भी नहीं देखा शायद वह जानता था अगर आभा की तरफ पलटकर देखेगा तो उससे दूर नहीं जा पायेगा।

देखते-देखते, रात की धुंध में समय कहीं खो गया। आभा फिर भी उस तरफ देखे जा रही थी जिस तरफ समय चला गया था।

'यहाँ खड़े खड़े क्या देख रही हो आभा' आभा के कानों पर माँ की आवाज पड़ी। माँ, आभा को कब से एकटक देखते हुए आश्चर्यचकित हो रही थी। आभा ने कुछ नहीं कहा। चलो, घर चलो। मुझे तुम्हारी चिंता हो रही थी तो मैं तुम्हें ढूँढ़ते हुए बाहर आ गयी' माँ ने आभा से कहा। आभा ने कुछ नहीं कहा। माँ के साथ वह घर के अंदर चली गयी। आभा अपने कमरे में जाकर बहुत रोई। 'आने वाला वक़्त मैं समय के बिना कैसे काटूँगी? सोच सोच के आभा और ज्यादा परेशान हो रही थी। 'समय मैं तुम्हारे बिना जी नहीं पाऊँगी मुझे छोड़कर मत जाओ' सोचकर आभा फुट-फुटकर रोये जा रही थी। अपनी आँखें बंद करके मन में ही समय से बात करने की कोशिश कर रही थी पर इस बार ना समय रूका ना ही वक़्त।

समय को गये काफी दिन बित गये थे। इन दिनों आभा ने अपने आप को संभालने की नाकामयाब कोशिश की। वह खुद को समझाती रहती कि समय जल्द ही लौट आयेगा। जाने के बाद से ना ही समय का आभा को फोन आया था ना ही समय का नंबर लग पाया था। आभा की हिम्मत कभी कभी टूट जाती। घंटों अपने कमरे की खिड़की में बैठे बैठे वह बाहर ताकती रहती। शाम के वक़्त उस जगह चली जाती, जहाँ पर समय और आभा मिला करते थे। रोज समय के वापस आने की उम्मीद मन में लिए वह वापस

लौट जाती। रात के वक़्त अपने घर के बाहर उसी जगह घंटों खड़ी रहती जहाँ आखरी बार समय ने उसे गले से लगाया था। घरवालें आभा की हालत से दुखी थे। पर चाहते हुए भी वे आभा की कोई मदद नहीं कर पा रहे थे।

आभा के मन में रह रहकर समय की यादों का तूफान उठता और आभा उसे अपने आँसूओं में बहाने की कोशिश करती। रात में तकिये को गले से लगाकर सोती ताकि नींद में समय की कमी उसे महसूस ना हो फिर भी कभी कभी नींद में चौंकते हुए, डरते हुए जाग जाती।

माँ-पिताजी आभा की इस बिगड़ती हालत पर चिंतित रहते। उन्होंने आभा को समझाने की, बहलाने की कोशिश की पर आभा की दिवानगी उस के सर पर इस तरह सवार थी कि उससे बाहर आ पाना आभा के लिए जैसे नामुमकिन था। आभा पागलों की तरह समय के फोन का इंतजार करती रहती पर समय का अब तक उसे कोई फोन नहीं आया था। दिन बीतते गये आभा की हालत बद से बदत्तर होती जा रही थी। समय की जुदाई अब आभा से सहन नहीं हो पा रही थी।

एक शाम आभा अपने कमरे में बैठी समय के बारे में सोच रही थी। 'समय मैंने कोशिश की कि मैं तुम्हारे बारे में ना सोचूँ। मैंने कोशिश की कि मैं तुम्हारी तरह खुदगर्ज बन जाऊँ पर नहीं कर पायी। मैंने तुमसे वादा किया था कि मैं तुम्हारा इंतजार करूँगी अपनी आखरी सांस तक पर यह सांसे मुझ पर बोझ बन गयी है।

मैंने तुमसे वादा किया था कि मेरा शरीर, मेरी आत्मा तुम्हारे हो चुके हैं मैं इसका ध्यान रखूँगी पर, मैं असफल रही। मैं तुम्हारी यादों से लड़ते-लड़ते थक गयी हूँ और आज यह सब मैं खत्म करना चाहती हूँ। यह बेबसी, यह दुख, तुमसे दूरियाँ, मेरे निरंतर

बहते आंसू इन सबको मैं हमेशा हमेशा के लिए अपने आप से दूर करना चाहती हूँ। मुझे तुम्हारी यादों से, तुम्हारी जुदाई से तुम्हारे ख्वाबों से मुक्ति चाहिए। मुझे नहीं पता कि इसके बाद तुम मुझे माफ कर पाओगे या नहीं पर मेरे पास इसके अलावा दूसरा कोई रास्ता नहीं बचा।'

आभा पलंग पर सीधी लेटे हुए ऊपर अपने कमरे के छत पर घूमते हुए पंखे की तरफ एकटक देखे जा रही थी। आभा के इरादे आज ठीक नहीं थे। आभा अपनी ज़िंदगी खत्म करना चाह रही थी। उन दुखों को खत्म करना चाह रही थी जो समय ने उसे दिये थे। उस की आँखों से आंसू बहे जा रहे थे। अपनी आँखों को बंद कर के वह अपने आख़री पलों को महसूस कर रही थी।

जो वक़्त उसने समय के साथ गुजारा था, उस वक़्त का एक एक लम्हा आभा की आँखों के सामने से जा रहा था। 'समय! मैं मरने के बाद भी तुम्हें प्यार करूँगी' आभा के मन ने यह आखरी शब्द दोहराये।

आभा ने महसूस किया कि उसके बगल से कोई गुजरा। आभा ने चौंककर अपनी आँखों को खोला पर वहाँ कोई भी नहीं था। आभा ने फिर से अपनी आँखें बंद कर ली।

कब नींद ने आभा को अपने आग़ोश में ले लिया, उसे पता ही नहीं चला। गहरी नींद में आभा को महसूस हुआ जैसे कोई उसके पास आकर बैठा है।

उसका स्पर्श पाकर आभा को राहत महसूस होने लगी। एक सुकून आभा के मन को राहत दे गया। एक गहरी शांति आभा ने महसूस की।

क्या मौत आभा को समय ने दिए हुए ज़ख्मों से मुक्त कर सकती है? काश़! कुदरत ने इंसान को दिल तो दिया होता पर उस

दिल को प्यार करने की ताकत ना दी होती। काश! इंसान कभी किसी को अपनी यादों में पनाह न दे पाता तो कितना अच्छा होता। पर ऐसा नहीं है। इंसान का दिल, उस दिल का प्यार करना, उस दिल का टूट जाना, उसके टूटने का दर्द, मौत से बदत्तर होती हुई अपनी हालत पर इंसान रोने के अलावा कुछ नहीं कर सकता। आभा गहरी नींद की आग़ोश में जा चुकी थी। एक ऐसी गहरी नींद जहाँ उसे समय ही समय नज़र आ रहा था। वह समय के साथ खुद को हँसते खिलखिलाते हुए, उसे प्यार करते हुए महसूस कर रही थी। क्या आभा मर चुक थी? नहीं! आभा जिंदा थी, उसकी किस्मत में इतनी जल्दी मरना भी नहीं लिखा था।

माँ ने आभा के कमरे का दरवाजा खटखटाया। आभा ने काफी देर बाद भी दरवाजा नहीं खोला तो घरवाले, दरवाजा तोड़कर कमरे के भीतर आये। आभा बेहोशी की हालत में बिस्तर पर पड़ी हुई थी और नींद की दवाईयों की खाली बोतल फर्श पर पड़ी हुई थी। ज़ाहिर है आभा ने बहुत सारी नींद की दवाईयाँ खा कर खुद को खत्म करने की कोशिश की थी। घरवाले तुरंत आभा को अस्पताल ले गये।

डॉक्टर्स ने आभा की जान तो बचा ली पर अब उसे दवाईयों की नहीं दुआओं की ज़रूरत थी। उसे सहारे की ज़रूरत थी। उसे प्यार की ज़रूरत थी। ऐसा प्यार, ऐसा सहारा जो आभा को समय की यादों से बाहर निकाल पायें। आभा की मुस्कान, उसकी खोई हुई ज़िंदगी उसे वापस दिला पायें।

वह इंसान था अभय जो अब आभा को उस के बीते हुए कल से बाहर निकालेगा। डॉक्टर अभय, जो कि अस्पताल में आभा का इलाज कर रहा था। दिखने में गौरा, कद से लंबा, सजिला नौजवान। अभय एक अच्छा डॉक्टर तो था ही पर एक अच्छा इंसान भी था। मरीज उसकी दवाईयों से कम उसकी अच्छी बातों से जल्द ठीक हो

जाया करते। क्या अभय, आभा को उसके अतीत से बाहर निकाल पायेगा? क्या अभय आभा को वह प्यार दे पायेगा जिसकी आभा हक़दार थी? क्या समय की यादों को किसी और के लिए छोड़ देना आभा के लिए इतना आसान होगा?

अभय ने आभा की जान तो बचा ली थी पर उसे यकीन था आभा फिर से ऐसा कुछ करने की कोशिश ज़रूर करेगी। इस प्रकार के मरीजों को समझाना मुश्किल होता है, अभय जानता था।

डॉक्टर अभय, आभा के कमरे में आया। 'हैलो! कैसी हो आभा तुम?' अभय ने आभा की नब्ज देखते हुए पूछा।

आभा ने कुछ नहीं कहा। तुम लकी हो आभा की इतनी सारी नींद की गोलियाँ खाने के बावजूद हम लोग तुम्हारी जान बचा पायें। क्या तुम्हें अपने माता-पिता से,अपनी ज़िंदगी से प्यार नहीं है?' अभय ने सीधी बात करते हुए आभा से पूछा। तुम्हारे माता-पिता का कहना है कि तुम रात-दिन अपने कमरे में बंद रहती हो। किसी से ज्यादा बात नहीं करती हो। खुद का ध्यान नहीं रखती हो। आभा! देखो मैं एक डॉक्टर हूँ और जानता हूँ तुम किसी ऐसे सदमे से गुजर रही हो जिसको सह पाना तुम्हारे लिए मुश्किल है। पर एक दूसरे से बात करके हम अपनी मुश्किलों का हल निकाल सकते हैं। तुम चाहो तो मुझ से बात कर सकती हो। अभय ने बड़ी ही समझदारी से आभा से बात की।

'मेरी परेशानी का हल किसी के पास नहीं है डॉक्टर। आप मेरी चिंता मत कीजिये मैं ठीक हूँ' आभा ने कहा।

'तुम ठीक तो नहीं लगती हो आभा। जिस उम्र में तुम्हें अपने दोस्तों के साथ हँसी-मज़ाक करना चाहिए, खुश रहना चाहिए, अपना आने वाला भविष्य सुधारना चाहिए, तुम यह सब कर रही

हो। क्या तुम मुझे इसकी वजह बता सकती हो?' अभय ने आभा की तकलीफ जानने की कोशिश की।

'डॉक्टर आप मेरा कितना भी इलाज कर लो पर सच तो यह है कि मैं जीना नहीं चाहती। मैं चाहती हूँ सब लोगों से दूर, अकेली कहीं चली जाऊँ जहाँ मैं खुद को भी कभी ढूंढ़ ना पाऊँ। मेरे जीवन में अब कुछ भी बचा नहीं है। आपने मेरे बारे में इतना सब सोचा इसलिए मैं आपका धन्यवाद करती हूँ पर प्लीज आप मुझे अकेला छोड़ दीजिए' आभा ने बड़ी ही बेरूखी से अभय से कहा। 'कोई बात नहीं आभा। तुम अब आराम करो। मैं तुम्हें देखने फिर से आऊँगा' कहकर डॉक्टर अभय वहाँ से चला गया।

आभा के माता-पिता को अपने केबिन में बुलाकर अभय ने सारी बात पता की। आभा के माँ ने शुरू से लेकर अब तक की सारी कहानी डॉक्टर अभय को बताई। 'हमने समय को कभी देखा नहीं पर अगर उस दिन मैंने उससे मिलने के लिए मना नहीं किया होता तो मेरी बेटी की यह हालत ना हुई होती' आभा के पिताजी ने दुखी होते हुए कहा। 'देखिए जो हो गया उसे हम बदल नहीं सकते बस! आप लोग आभा का पहले से ज्यादा ध्यान रखिए। उसे अकेला मत छोड़ना। आभा को जितना हो सके उतना प्यार देने की कोशिश करिये। मेरी आपको कभी भी ज़रूरत पड़ती है तो मेरा फोन नंबर ले लीजिए और आप लोग मुझे कभी भी कॉल कर सकते हैं' अभय ने कहा। 'धन्यवाद' कहकर आभा के माता-पिता डॉक्टर अभय के

केबिन से बाहर आ गये पर अभय के मन में कुछ और विचार चल रहे थे। अभय डॉक्टर तो अच्छा था पर आभा का केस उसके लिए बाकी मरीजों से अब अलग था।

अभय, आभा को प्यार करने लगा था। पता नहीं क्यूँ पर पहली बार जब उसने आभा को देखा था, आभा उसके मन में बस गयी

थी। आभा उसकी मरीज है इस बात का अभय को अहसास था और अपनी भावनाओं को उसे काबू में रखना होगा यह भी उसे पता था।

दिन बीतते गये, आभा अपने आप को संभालने की पूरी कोशिश करती। अपने माँ-पिताजी की तरफ देखकर खुद को जिंदा रखने की वह हर कोशिश करती। पर फिर भी कभी-कभी वह टूट सी जाती। जिस दिन समय की उसे याद सताती, वह अपने घर के बाहर सड़क पर खड़ी हो जाती और रात होने तक समय का इंतजार करती। आभा का मन कहता था समय एक दिन ज़रूर लौट आयेगा।

एक बार की बात है तेज बारिश चल रही थी, शाम का वक़्त हो चला था। अपने कमरे की खिड़की में बैठे-बैठे आभा उस जगह को निहार रही थी जहाँ समय ने उसे आखरी बार अलविदा कहा था। तेज बारिश और सड़क किनारे लगे दीयों की रोशनी में उसने किसी की परछाई देखी। वह परछाई काफी देर तक खड़े खड़े आभा की ओर ताक रही थी। बारिश की वजह से उसका चेहरा तो नज़र नहीं आ रहा था पर आभा को लगा जैसे समय उसका वहाँ पर इंतजार कर रहा है। आभा दौड़कर वहाँ पहुँची, बारिश में पूरी तरह भीगी, यहाँ वहाँ तलाशने लगी पर हमेशा की ही तरह वहाँ कोई नहीं था। काफी देर तक आभा बारिश में वहीं भीगती रही। उसके मन में आस थी कि समय वहाँ उसके लिए इंतजार कर रहा होगा और वह आकर आभा को अपने गले से लगा लेगा। कहेगा, 'आभा मैं वापस आ गया हूँ तुम्हारे पास, तुम्हारे लिए' पर सब व्यर्थ था।

समय इतने आसानी से आभा के पास लौटने वाला नहीं था। 'क्या समय कभी वापस भी आयेगा? क्या समय अब मुझसे प्यार नहीं करता? क्या उसे मेरी बिल्कुल भी परवाह नहीं है? अगर उसे मेरी परवाह होती तो वह मुझे यूँ छोड़कर ही नहीं जाता और जाता

तो मुझे एक फोन तो करता, एक खत तो लिखता। समय आज के बाद मैं भी तुम्हारी तरह खुदगर्ज बन जाऊँगी. मैं अपनी जिंदगी जीऊँगी चाहे वो तुम्हारे बिना ही क्यूँ न हो। मैं तुम्हें अपने मन से निकालने की कोशिश करूँगी। अब मुझे भी तुम्हारी परवाह नहीं रहेगी'। आभा अपने मन को पक्का कर रही थी।

उसका दुख उसके आंसू बनकर बहे जा रहा था जो बारिश के पानी में धुल रहा था।

'आभा क्या तुम पागल हो गयी हो? यहाँ खड़े-खड़े भिगोगी तो बीमार हो जाओगी' कहकर माँ ने आभा के सर को छाते से ढ़का। 'चलो भीतर चलो' कहकर माँ आभा का हाथ पकड़कर उसे घर के अंदर ले गयी।

क्यूँ किसी की परछाई आभा को बार-बार दिख जाती है। यह क्या राज है जिसके बारे में आभा को अब तक पता नहीं। कौन है जो आभा के आसपास हमेशा रहता है? कौन है जिससे आभा का दुख उसके आंसू देखे नहीं जाते या फिर यह सिर्फ आभा की कल्पना है। यह आभा के मन का मात्र कोई भ्रम है?

गुमशुदा 11

उस दिन के बाद से आभा ने खुद को संभालना शुरू किया। उसने अपना ध्यान ज़रूरी कामों में लगाना शुरू किया।

आभा की, डॉक्टर अभय से इलाज के बहाने कभी-कभी मुलाकात होती रहती। डॉक्टर अभय की बातें सुनकर आभा के चेहरे पर हल्की-हल्की मुस्कान खिल उठती। अभय एक बेहद जिंदादिल इंसान था उसके साथ बातें करके आभा को जीने की प्रेरणा मिलती। आभा ने नौकरी की तलाश शुरू कर दी वह चाहती थी घर के माहौल से थोड़ा बाहर निकले, अपने लिए कुछ करे।

वक़्त बीतता गया। आभा समय की यादों को भुलाने की कोशिश करती रही। समय को गये अब दो साल से ऊपर हो गये थे, अब तक उसकी कोई ख़बर नहीं आयी थी। आभा अब अकेला रहने से परहेज करती क्यूँकि अकेले में समय की यादें उसे फिर से परेशान करने लगती।

आभा ने नये दोस्त बनाये, उन दोस्तों के साथ बाहर जाना शुरू किया। आभा खुश रहने की कोशिश करती रहती। कभी-कभी सपनों में उसे समय दिख ही जाता तो सारी रात वह जानबूझकर जागकर गुजारती ताकि फिर से समय का उसे सपना न आये।

समय को गये अब चार साल हो चले थे। आभा खुद को खुश दिखाने की कोशिश करती रहती। माँ-पिताजी भी आभा के लिए खुश थे। अभय की और आभा की दोस्ती गहरी होने लगी थी। अभय आभा से जब भी मिलता, उसकी खुशी का, उसकी पसंद का हमेशा ख्याल करता। इतना व्यस्त होने के बावजूद भी अभय, आभा के लिए वक्त ज़रूर निकालता। आभा और अभय अब डॉक्टर-मरीज कम, दोस्त ज्यादा बन गये थे। एक दूसरे के साथ बाहर जाना, हँसना-खिलखिलाना दोनों को अच्छा लगता।

एक दिन अभय, आभा को घर छोड़ने आया। आभा, अभय के साथ कहीं बाहर गयी थी। आते-आते उन्हें देर हो गयी। माँ आभा के लिए कब से इंतजार कर रही थी।

आभा घर में आयी और अपने कमरे की तरफ चली गयी। थोड़ी देर बाद माँ ने आभा के कमरे का दरवाजा खटखटाया, 'आभा क्या हम थोड़ी देर बात कर सकते हैं?' माँ ने आभा से पूछा। 'हाँ माँ कहो क्या बात है?' आभा ने माँ से कहा। 'आभा अब तुम ठीक हो रही हो, मुझे बहुत खुशी है। क्या मैं तुमसे एक बात पूछूँ?' माँ ने आभा के पास बैठते हुए कहा। 'हाँ माँ, पूछो' आभा ने कहा।

'आभा मैं गोल-गोल बात नहीं घूमाऊँगी, सीधी बात करूँगी। क्या तुम डॉक्टर अभय को पसंद करती हो? माँ ने सीधी बात करते हुए आभा से पूछ लिया। 'नहीं माँ ऐसी कोई बात नहीं है। डॉक्टर अभय एक नेक इंसान है, उनके साथ मैं बेहतर महसूस करती हूँ, बस! और कोई बात नहीं है।' आभा ने माँ की बात पर चौंकते हुए जवाब दिया।

'आभा देखो, परेशान मत हो। मैं बस जानना चाहती थी कि क्या तुम डॉक्टर अभय को पसंद करती हो?' माँ ने सहज होते हुए पूछा।

'माँ, आप यह क्यूँ पूछ रही हो?' आभा ने थोड़ा परेशान होकर कहा। 'क्यूँकि बेटा मैंने डॉक्टर अभय की आँखों में तुम्हारे लिए प्यार देखा है। अभय अच्छे इंसान है, वह तुम्हारा ख्याल रखेंगे। तुम उनके साथ खुश रहोगी' माँ ने आभा के हाथ को सहलाते हुए कहा। 'माँ आप क्यूँ यूँही कुछ भी कहे जा रही हो? डॉक्टर अभय ने मुझसे ऐसा कुछ भी नहीं कहा' आभा जानना चाहती थी कि माँ ऐसा क्यूँ कह रही है। 'आभा दोपहर में अभय की माताजी का फोन आया था। उनका कहना है, अभय हमेशा तुम्हारे बारे में बातें करता है। तुम्हारे साथ वह खुश रहता है और बेटा उन्होंने तुम्हारे और अभय की शादी के लिए प्रस्ताव भी रखा है। वह चाहती हैं तुम दोनों शादी करके एक दूसरे के साथ हमेशा खुश रहो' माँ ने आभा की तरफ देख कहा।

'माँ आप यह क्या कह रही है? क्या यह सच है? पर अभय ने मुझसे इस बारे में कभी कुछ भी नहीं कहा' आभा ने परेशान होकर पूछा। 'इस बारे में कुछ भी निर्णय लेने से पहले मैंने तुमसे बात करना मुनासिब समझा। हम लोग तुम्हें किसी भी बात के लिए जबरदस्ती नहीं करेंगे। यह निर्णय तुम्हें लेना है कि तुम्हें अभय से शादी करनी है या नहीं। मैं इतना कहूँगी कि अभय अच्छा लड़का है। तुम्हें वह खुश रखेगा और अगर यह शादी होती है तो मैं और तुम्हारे पापा बहुत खुश होंगे। चलो! अब तुम आराम करो' कहकर आभा की माँ, उसके कमरे से बाहर निकल गयी। रातभर आभा के मन में अभय के विचार घूमते रहे। 'मुझे पहले अभय से इस बारे में बात करनी चाहिए' सोचकर आभा सोने की कोशिश करने लगी।

दूसरे दिन आभा ने अभय से मिलने के लिए उसे फोन किया। शाम के वक़्त दोनों एक कॉफी शॉप में मिले। 'कहो आभा इतना ज़रूरी क्या काम आ गया था जो मुझे यहाँ बुलाया?' अभय को जैसे कुछ भी पता नहीं था। 'अभय, मेरी माँ ने बताया कि आप

की माताजी ने उन्हें कल फोन किया था और....' आभा कहते कहते रूक गयी। 'और...और क्या?' अभय ने आभा की आँखों में देखकर पूछा। आभा आगे कुछ कह नहीं पायी' उन्होंने यही कहा होगा ना कि अभय आप की आभा को पसंद करता है और उसके साथ शादी करना चाहता है' अभय ने मुस्कुराते हुए आभा से कहा। 'यह आप को पता है अभय?' आभा ने आश्चर्य से पूछा। 'हाँ' मुझे पता है। असल में, मैं तुमसे ही इस बारे में बोलना चाह रहा था पर मेरी माताजी को धीरज नहीं रहा और उन्होंने पहले ही तुम्हारे घर पर फोन करके सब कह दिया। देखो आभा, मैं वाकई तुम्हें चाहता हूँ। मुझे नहीं पता क्यूँ पर मैं तुमसे बहुत बहुत प्यार करता हूँ। मैं चाहता हूँ तुम्हारे साथ मेरी पूरी ज़िंदगी गुजार दूँ।

मैं तुम्हें खुश रखूँ और तुम्हारे साथ-साथ मैं भी खुश रहूँ। अभय बोलता रहा और आभा उसे इस तरह से सुन रही थी जैसे उसे अपने कानों पर यकीन ना हो रहा हो।

'अभय मैं आपकी भावनाओं की कद्र करती हूँ पर आपको मेरे गुजरे हुए कल के बारे में सब पता है फिर भी आप मुझसे प्यार कर बैठे' आभा ने भावुक होकर कहा। 'हाँ आभा मुझे तुम्हारे गुजरे हुए कल के बारे में सब पता है पर वह तो कल था जो गुज़र गया। तुम्हारे सामने आने वाला कल है जिसे मैं खुबसूरत बनाना चाहता हूँ। तुम्हें वह हर एक खुशी देना चाहता हूँ जिसका तुम्हें हक़ है। प्लीज मेरे प्रस्ताव के बारे में एक बार ज़रूर सोचना। मुझे तुम्हारे 'हाँ' की उम्मीद है' अभय ने कहा। आभा को समझ नहीं आ रहा था क्या कहें। वह चुप थी।

आज आभा के सामने दो रास्ते थे उनमें से एक उसे चुनना था। पहला रास्ता जो समय की तरफ ले जाता था, जहाँ इंतजार था, दुख था, आंसू थे, अकेलापन था और दूसरी ओर अभय था

जिस के साथ आभा अपनी ज़िंदगी की नयी शुरुआत कर सकती थी, खुश रह सकती थी।

'मुझे थोड़ा वक़्त चाहिए अभय, मैं तुरंत फैसला नहीं कर पाऊँगी' आभा ने कहा। 'हाँ ज़रूर आभा। तुम्हें चाहिए उतना वक़्त ले लो, मैं कोई दबाव नहीं डालना चाहुँगा' अभय ने आभा का हाथ थामते हुए कहा।

आभा ने दो दिनों तक अभय के शादी वाले प्रस्ताव के बारे में सोचा। एक तरफ समय था जिससे आभा अभी भी बहुत प्यार करती थी। समय की वापस आने की आस अब भी कही ना कहीं आभा के मन में थी। दूसरी तरफ अभय था जो आभा से बेहद प्यार करता था। आभा के अतीत के बारे में पता होने के बावजूद भी वह उसे अपनाना चाहता था।

'समय एक दिन वापस आयेगा, मुझे पता है। मेरा मन यही कहता है पर समय ने मेरे प्यार की परवाह नहीं की। इतने दिनो तक मेरे बारे में नहीं सोचा। समय खुदगर्ज है या फिर उसकी कोई मजबूरी रही होगी। कितनी भी मजबूरी रहे मुझे एक संदेश तो भेज सकता था। ना समय ने मेरी कद्र की ना ही मेरे प्यार की' आभा सोच रही थी। आभा को समय के शब्द याद आये। समय ने उससे कहा था कि 'आभा तुम मेरे अलावा किसी और से शादी करने के बारे में सोचना भी मत, क्यूँ कि मेरे जीते जी मैं ऐसा नहीं होने दूँगा'। बस! अब आभा को समझ आ गया था कि उसे क्या करना है। 'समय अब मैं जान गयी हूँ कि मुझे क्या करना है। मैं अभय से शादी करूँगी, हाँ मैं तुम्हारे अलावा किसी और की होकर दिखाऊंगी। मैं तुम्हें दिखाऊँगी कि मैं तुम्हारे बिना किसी और के साथ कितनी खुश रह सकती हूँ। मुझे यकीन है एक रोज तुम लौट आओगे, कब मुझे नहीं पता पर जब भी तुम वापस आओगे और

मुझे किसी और की पत्नी बने देखोगे तब मैं तुमसे पूछूँगी कि अब तुम्हें कैसा लग रहा है।

क्या अब तुम्हें पता चला कि इतने साल मैंने कैसे गुजारे। जिस प्यार को ठुकराकर, मुझे छोड़कर तुम गये थे वह अब तुम्हारा नहीं किसी और का हो चुका है तब तुम्हारी आँखों में मैं वह दर्द देखूँगी जो तुमने मुझे दिया है। आज मैं भी एक फैसला लेने जा रही हूँ समय जिस तरह कभी तुमने लिया था। 'हाँ मैं डॉक्टर अभय से शादी करूँगी' आभा ने अपने लिए दूसरा रास्ता चुन लिया था।

आभा ने अपने लिए रास्ता तो चुन लिया पर क्या उस रास्ते पर चलते हुए समय आभा से फिर टकरा जाएगा? वह नहीं जानती आने वाला वक़्त उसकी ज़िंदगी में क्या तूफान लेकर आयेगा? जितनी आसान यह ज़िंदगी लगती है क्या वाकई में उतनी आसान होती है? अपने अतीत से बच पाना हर किसी के नसीब में नहीं होता।

आभा ने अभय से शादी करने के लिए हामी भर दी पर उसकी एक शर्त थी कि शादी के बाद वह कहीं दूर बसना चाहती है। वह चाहती थी कि इस शहर से दूर वह कहीं चली जाए जहाँ उसके अतीत का साया उस पर और उसकी आने वाली ज़िंदगी पर ना पड़े। आभा के निर्णय से अभय और आभा के घरवालें बेहद खुश थे। अभय ने दूर किसी और शहर में बसने की आभा की शर्त भी मान ली। अब तो बस खुशियाँ ही खुशियाँ थी चारो ओर। ग़म के, दुख के बादल छटने लगे थे और आशा की किरणें उन काले बादलों में से झाँकने लगी थी जो आभा के आने वाले जीवन को रोशनी से भर देना चाहती थी।

कुछ दिनों में अभय और आभा की सगाई हुई। सब खुश थे, आभा भी। अभय ने उसकी उंगली में जब अंगूठी पहनाई तो आभा

के आँखों से आंसू छलक गये वह आंसू खुशी के थे। आज से वह किसी और की अमानत बनने जा रही थी।

कुछ दिनों में अभय उससे शादी करके उसे अपने घर ले जायेगा। नई ज़िंदगी शुरू करने की खुशी आभा के मन को महका रही थी।

अभय ने ऊटी तबादला करवा लिया। वह चाहता था कि आभा उससे शादी करने के बाद नया जीवन वहीं से शुरु करे।

जाने से पहले आभा अभय को एयरपोर्ट छोड़ने आयी। 'आभा मैं चाहता हूँ जब हमारी शादी हो, तुम और मैं अपनी ज़िंदगी नये शहर से शुरू करें। तुम्हें शादी के तुरंत बाद मैं अपने साथ ऊटी ले जाऊँगा।' 'अपना ख्याल रखना'। आभा ने मुस्कुराते हुए अभय को 'बाय' कहा।

अभय अपने नये कामों को समेटने में लग गया। वह चाहता था कि आभा उसके घर आये उससे पहले सब इंतजाम ढ़ंग से जाये ताकि उसे कोई भी तकलीफ ना हो। आभा कभी कभी अभय की माँ के साथ अभय से मिलने ऊटी जाया करती।

अभय को ऊटी गये हुए छः हफ्ते गुजर चुके थे। शादी की तारीख भी नज़दीक आ रही थी। शादी की तैयारियाँ जोरो पर थी।

एक बार आभा, अभय की माँ के साथ ऊटी अभय से मिलने आयी हुई थी। ठंड का महीना चल रहा था। ठंड की वजह से ऊटी में धुंध छायी थी।

अभय को ऑफिस के काम के लिए दो दिनों के लिए कहीं जाना था। घर पर सिर्फ अभय की माँ और आभा ही रह गये।

काफी ठंड थी, बड़ा सा मकान। अभय की माँ, रात का खाना खाकर जल्दी ही सो गयी। आभा को समझ नहीं आ रहा था इतने

बड़े मकान में अकेली क्या करें। थोड़ी देर टी.वी. देखने के बाद आभा को बोरियत सी लगने लगी तो उसने किताबों की दराज से एक किताब उठा ली और सामने वाले कमरे में रखे सोफे पर बैठ पढ़ने लगी। पढ़ते पढ़ते आभा की आँख लग गयी।

नींद में उसने महसूस किया कि कोई उसके पास आकर बैठा है और उसे घूर रहा है। आभा चौंककर नींद से जाग गयी। घड़ी में रात के कुछ ग्यारह बज रहे थे। ठंड की वजह से घर के बाहर सुनसान सा माहौल था। आभा को अब डर सा लगने लगा।

आभा अपने कमरे में चली गयी और कंबल ओढ़े सोने की कोशिश करने लगी। आभा का फोन बजा, अभय का फोन था। 'आभा सो गयी थी क्या?' अभय ने पूछा। 'नहीं अभय' आभा ने जवाब दिया। 'क्यूँ मुझे याद कर रही हो?' अभय ने मजाक करते हुए कहा। 'अभय एक बात कहूँ, आपका घर काफ़ी बड़ा है। माँ जी तो सो गये हैं पर अकेले में मुझे नींद नहीं आ रही है' आभा ने ठंड से कंपकपाते होंठो से कहा। 'कोई बात नहीं आभा, डरो मत। मैं दो दिनों में लौट आ जाऊँगा। अपना ख्याल रखना मैं तुम्हें कल फिर से फोन करूँगा' कहकर अभय ने फोन रख दिया।

अभय से बात करके आभा को थोड़ी राहत सी मिली। वह सोने की कोशिश करने लगी।

सुबह होते ही आभा का फिर से फोन बजा। बिस्तर पर पड़े-पड़े ही आभा ने फ़ोन उठाया।

'हैलो' आभा ने अपनी आँखें बंद रखे रखे ही फोन का जवाब दिया। 'कैसी हो जान?' वह समय की आवाज थी। आभा के मानो होश उड़ गये थे। उसे अपने कानों पर यकीन नहीं हो रहा था इसलिए उसने फिर से हैलो कहा, 'हैलो' कौन बात कर रहा है?' आभा ने अपनी सांसों पर काबू करते हुए पूछा। 'क्या अब मेरी

आवाज भी भूल गयी हो, आभा?' समय ने फिर से कहा। आभा के माथेपर पसीने की बूंदे चमकने लगी, हाँ वह समय की ही आवाज थी। 'गलत नंबर' कहकर आभा ने फोन काट दिया। फिर से आभा के फोन की रिंग बजी। 'आभा मुझे पता है कि तुम ऊटी में हो। मैं, तुमसे एकबार मिलना चाहता हूँ' समय ने कहा।

'पर मैं तुमसे मिलना नहीं चाहती। समय मुझे यूँ बार-बार फोन कर के परेशान मत करो' आभा ने बेरुखी से समय से कहा। आभा ने फोन काट दिया पर फिर से आभा के फोन पर समय का कॉल आया 'आभा मुझे पता है इस वक़्त तुम मुझसे नाराज हो पर प्लीज एक बार मुझसे मिल लो, मैं तुम्हें सारी बात बताना चाहता हूँ। मैं तुम्हें एक बार देखना चाहता हूँ। मैं वादा करता हूँ आज के बाद अगर तुम ना चाहो तो मैं तुमसे नहीं मिलूँगा बस, आखरी बार मुझसे मिल लो'। समय ने कहा। 'ठीक है सिर्फ आख़री बार मैं तुमसे मिलने आऊंगी। एक घंटे में मैं तुमसे मिलती हूँ, कहाँ मिलना है बता दो' आभा ने आज समय को खरी खोटी सुनाने का फैसला कर लिया था।

समय ने आभा को एक पार्क का पता बताया। आभा ने अभय की माँ से कुछ बहाना करते हुए उस पार्क की तरफ रूख किया।

मन में ढ़ेर सारी शिकायते, शिकवे गिले समेटे हुए आभा पार्क पहुँची और समय को ढूँढ़ने लगी।

आभा की धड़कने तेज तेज चल रही थी। उसके मन में समय को इतने दिनों बाद देखने की उत्सुकता थी पर समय को देख, ना पिघलने के लिए वह अपने मन को पक्का करने की जद्दोजहत भी कर रही थी।

समय पार्क के एक कोने में खड़ा था, आभा ने उसे दूर से देखा। आभा ने समय की तरफ चलना शुरु कर दिया। वह समय

के करीब पहुँची। समय काफी बदला बदला सा लग रहा था। महंगे कपडे, लेदर जैकेट, महंगे जूते अच्छी सी हेयर कट। आभा को देख समय उसके करीब आया। आभा खड़ी खड़ी बस उसे ताक रही थी जैसे वह कोई सपना देख रही हो।

समय आभा के करीब पहुँच गया और बड़ी ही बेकरारी से समय ने आभा को गले से लगा लिया।

समय का स्पर्श पाकर आभा होश में आयी। वह फुट-फुट कर रोने लगी। इतने देर से उसने जो हिम्मत बटोरी थी वो रेत बन कर उसके हाथों से फिसलती गयी। आभा रोती रही और समय ने उसे अपने बाँहों में ले रखा था। थोड़ी देर बाद जब आभा का रोना कम हुआ तो वह संभल गयी। 'कहाँ चले गये थे तुम समय? क्यूँ तुमने मेरे साथ यह सब किया? क्या इतने दिनों तुम्हें मेरी एक बार भी याद नहीं आयी? क्या तुमने कभी सोचा इतने दिन तुम्हारे बगैर मैं कैसे ज़िंदा रहूँगी। मैं भगवान से एक ही कामना करती थी कि तुम मुझे एक बार मिल जाओ ताकि मैं तुमसे पूछ पाऊँ की, मेरी ज़िंदगी तबाह करके तुम्हें क्या हासिल हुआ' आभा की आँखों से आँसूओं की धारायें बहे जा रही थी।

'मैं मानता हूँ आभा मुझ से भूल हुई है। बैठो ज़रा मैं तुमसे बात करना चाहता हूँ' आभा को पास के बेंच पर बिठाते हुए समय ने कहा।

'मुझे अपने प्यार पर और तुम पर पूरा यकीन था आभा कि तुम मेरा इंतजार करोगी। इसलिए मैं ज़िंदगी में कुछ बनने के लिए तुमसे दूर जाने की हिम्मत जुटा पाया। वहाँ मैंने कडी मेहनत की। इतने साल मैंने तुम्हें फोन नहीं किया क्यूँकि तुम्हारी मैं आवाज भी सुन लेता तो अपनी हिम्मत खो देता और तुम्हारे पास वापस लौट आता। मैंने तुम्हें काफी चिट्ठियाँ भी लिखी पर पोस्ट नहीं कर

पाया। तुम्हारे फोन पर मैसेज भेजकर तुम्हारा हाल पूछना चाहा पर मेरे मन ने मुझे रोक लिया। मुझे पता था तुम्हारा हाल मेरे बगैर बहुत खराब होगा, मुझे अहसास था तुम मेरे बगैर किस तरह जीवन काट रही होगी। मैं तुम्हें झूठी तसल्ली नहीं देना चाहता था। 'तुम कब लौटोगे?' अगर यह सवाल तुम मुझसे पूछ लेती तो उसका जवाब तब मेरे पास नहीं था, इसलिए मैंने तुम्हें अपने बारे में कोई भी खबर नहीं दी।

जब वापस आया तो तुम्हारे बारे में पता किया। पता चला तुम्हारी सगाई हो चुकी है और शादी भी जल्द ही होने वाली है। मुझसे रहा नहीं गया इसलिए तुमसे मिलने मैं यहाँ ऊटी आ गया।

मुझे पता है कि यह पूछने का मेरा तुम पर अब कोई हक नहीं है पर फिर भी पूछना चाहता हूँ, तुमने ऐसा क्यूँ किया आभा?' क्या तुम मेरे लिए इंतजार नहीं कर सकती थी? क्या तुम्हें मुझ पर यकीन नहीं था? क्या इसकी वजह यह है कि मैंने तुम्हारे मना करने के बावजूद भी जाने का निर्णय लिया? इसलिए कि जाने के बाद से मैंने तुम्हें फोन नहीं किया? क्या इसलिए कि तुम मुझ से इन बातों का बदला ले सको तुमने किसी और से शादी करने का फैसला ले लिया? तुम्हें क्या लगता है कि तुमने किसी और से शादी कर भी ली तो क्या मैं तुम्हें भूल पाऊँगा।

क्या तुम मुझे भूला पाओगी? नहीं आभा तुम मुझे अपने दिल से कभी भी निकाल नहीं पाओगी। पर यह सब करके मेरे अलावा किसी और इंसान की ज़िंदगी तबाह ज़रूर कर दोगी। मैं तुम्हें इसके लिए कभी माफ़ नहीं कर पाऊँगा पर याद रखना तुम हमेशा मेरी जान थी और हमेशा मेरी जान ही रहोगी। तुम्हें मुझसे कोई जुदा नहीं कर पायेगा' समय की आँखें आँसूओं से भर गयी थी और उसके चेहरे पर एक जुनून सा चमक रहा था। 'भले ही

तुम्हारा शरीर किसी और का हो जाये पर तुम्हारी आत्मा तुम्हारा मन हमेशा मेरा रहेगा, हमेशा हमेशा...। तुम मुझे अपने आप से जुदा नहीं कर पाओगी, इतनी बात याद रखना' समय के आँसुओं ने बांध तोड़ दिया था। वह निरंतर बहे जा रहे थे।

'मुझे माफ करना समय। मुझे तुम पर यकीन करना चाहिए था। मुझे तुम्हारा इंतजार करना चाहिए था। पर ऐसा नहीं है कि मैंने तुम्हारा इंतजार नहीं किया, मैंने तुम्हारा बहुत इंतजार किया पर मैं तुम्हारी यादों से लड़ते लड़ते थक गयी। ना मुझे मौत आयी ना ही मैं ज़िंदा रह पा रही थी तब मैंने मौत को गले लगाने की कोशिश की। मैं पूरी तरह से टूट चुकी थी। मेरे जीवन में सब खत्म सा हो गया था। तब अभय ने मुझे नया जीवन दिया। वह अभय था जिसने मुझे फिर से जीना सिखाया, मुझे हँसना सिखाया। अगर अभय मेरी ज़िंदगी में ना आते तो आज मैं तुम्हारे सामने जिंदा नहीं होती। मैं कब से तुम्हारी यादों में दम तोड़ चुकी होती। तुम सब गवाँ चुके होते, मुझे भी और अपने प्यार को भी।

जब अभय ने शादी के लिए मुझसे पूछा तो मैं उन्हें मना नहीं कर पायी। यह सच है कि मैं तुम्हें कभी भूला ना पाऊँगी समय पर अब मैंने अभय से वादा किया है कि मैं उनसे शादी करूँगी और हमेशा खुश रहने की कोशिश करूँगी। अपनी ज़िंदगी जिऊँगी। खुद को कभी तबाह नहीं होने दूँगी। तुम मेरा अतीत बन चुके हो समय और अभय मेरा आने वाला कल। मैं अपने अतीत के लिए अपने आने वाले कल को दुखा नहीं सकती। मुझे माफ करना और मुझे भूलने की कोशिश करना' आभा ने समय की आँखों में देखकर कहा। समय ने एक लंबी सांस भरी। 'ठीक है आभा। मैं, तुम्हारी भावनाओं की कद्र करता हूँ। मैं तुम्हें कोई भी निर्णय लेने से नहीं रोकूँगा पर मैं तुम्हारा इंतजार करूँगा जब तक मेरी आखरी सांस चलेगी तब तक और शायद उस के बाद भी। मेरे जीवन में तुम्हारे

अलावा ना कोई थी ना होगी। मैं तुम्हारी खुशियों की कामना करता हूँ। हमेशा खुश रहना। पर जब भी तुम्हें किसी दोस्त की ज़रूरत हो तुम मुझे याद कर सकती हो। मुझे फोन कर सकती हो। सुबह मैंने तुम्हें जिस फोन नंबर से फोन किया था वह मेरा नया नंबर है। तुम मुझे कॉल कर सकती हो। मैं हमेशा तुम्हारे लिए वही समय रहूँगा जो था। जो समय तुम्हारी हर एक बात सुनता था। तुम्हारी खुशी में दुख में तुम्हारे साथ रहता था। मैं कभी नहीं बदलूँगा। मुझे अब निकलना चाहिए। तुमसे मिलकर मुझे खुशी हुई आभा। अपना ध्यान रखना' कहकर समय वहाँ से चला गया। आज भी समय ने जाते हुए आभा की तरफ पलटकर नहीं देखा।

आभा आज भी समय को जाते हुए देख रही थी। उसे रोकना चाह रही थी पर हमेशा की तरह नहीं रोक पायी। 'क्यूँ भगवान, तूने मेरे नसीब में इतनी यातनायें लिखी है? मैं जब समय को अपने पास चाहती थी तब वह मुझसे दूर चला गया।

अब मैं जब उसके बगैर खुश रहना चाहती हूँ तब क्यूँ उसे मेरी जिंदगी में वापस भेजा? क्या चाहते हो ईश्वर? ना तो मुझे चैन से जीने देते हो ना ही मरने देते हो' आभा वहीं बेंच पर बैठ फुट-फुट कर रो रही थी।

आभा को अपनी ज़िंदगी का फैसला खुद करना है। उसे इस दुख से बाहर निकलना भी खुद ही सिखना होगा। आसमान में बादल घिर के आने लगे। जोरों की बरसात शुरू हुई। उस बारिश में आभा के आंसू पिघल पिघल के बहे जा रहे थे। आज आभा अपने अश्रुओं को नहीं रोक पा रही थी।

गुमशुदा 12

दिन बीतने लगे और आभा फिर से समय के बारे में सोचने लगी। वह सोचना तो नहीं चाहती थी पर समय का वह दुखभरा चेहरा आभा की आँखों के सामने बार-बार आता था। सपने में वह समय को देख, चौंककर जाग जाती थी। 'मैं यही तो चाहती थी कि समय वापस आ जाये, मुझसे माफी मांगे। मुझसे फिर से बहुत प्यार करे। आज जब समय वापस आ गया है तो क्यूँ मैं उस से जुड़ नहीं पा रही हूँ। क्यूँ उससे दूर रहना चाहती हूँ। क्यूँ मैं अपने आप को उसके करीब जाने से रोक रही हूँ?

क्या इसकी वजह अभय है? क्या मैं वाकई में समय से केवल बदला लेना चाहती थी। मैं चाहती थी जिस तरह समय ने मुझे दर्द दिये हैं मैं भी उससे दूर होकर उसे पूरी उम्र तड़पता हुआ देखूँ। अगर मैं अभय से शादी कर भी लूँ तो क्या वह सही होगा? मैं अपनी जिद्द के खातिर दोनों की जिंदगियाँ बर्बाद तो नहीं कर दूँगी।

क्या शादी के बाद मैं अभय को वह प्यार देपाऊँगी जो मैंने समय के नाम कर रखा है?' आभा के मन में विचारों का बवंडर सा उठा था। उसे समझ नहीं आ रहा था क्या करें। एक तरफ वह समय से आज भी बेइंतहा प्यार करती थी। ईश्वर की कृपा से समय उसके पास लौट आया था और दूसरी तरफ अभय था जिसने मुश्किल भरे पलों में आभा का हाथ थामा था, उसे सहारा दिया था। समय और अभय दोनों की आभा की ज़िंदगी में अलग-अलग जगह थी। वह दोनों को चाहती थी पर कभी समय के साथ जुड़ी

भावनाओं का पलड़ा भारी हो जाता और कभी अभय के साथ जुड़ी जज्बातों का।

आभा बदली सी लग रही थी। जब से समय वापस आया था,उसका बर्ताव बदला बदला सा लगता था। वह घंटों घंटों अकेले में सोचती रहती पर निष्कर्ष तक पहुँच नहीं पा रही थी।

रात में आभा ने सपने में देखा समय ऊँची पहाड़ी पर खड़ा है। आभा का नाम पुकार रहा है और समय ने नीचे छलांग लगा दी। 'समय!' आभा जोर से चिल्लाते हुए नींद से जाग गयी। रात के करीब तीन बज चले होंगे। आभा ने कुछ भी सोचे बगैर समय को फोन मिलाया। 'हैलो आभा!' इतने रात गये मुझे फोन किया, सब ठीक है ना?' समय ने चिंता भरे स्वर में पूछा। 'कैसे हो तुम समय? कहाँ हो? तुम ठीक तो हो ना?' आभा परेशान और डरी हुई लग रही थी।

'हाँ मैं ठीक हूँ। अपने घर पर हूँ। क्या बात है? परेशान सी लग रही हो' समय ने कहा। 'नहीं मैं ठीक हूँ। मैंने एक बुरा सपना देखा समय इसलिए मैं थोड़ी परेशान हूँ' आभा ने अपनी तेज चल रही धड़कनों और फूलती हुई सांसों को काबू करते हुए कहा।

'क्या देखा सपने में? की मैं मर गया। मैंने खुद को तुम्हारे प्यार में खत्म कर लिया' समय ने मुस्कुराकर पूछा। आभा की आँखों से आंसू बहने लगे और वह रोने लगी। 'मत रोओ आभा। मैं समझता हूँ तुम सपने में डर गयी पर मैं बिल्कुल ठीक हूँ। तुम चिंता मत करो' समय ने आभा को ढ़ाढ़स बंधाते हुए कहा। 'कैसे हो तुम समय?' आभा ने समय से पूछा। 'जिंदा हूँ आभा, अब तक तो!' समय भी अब पीछे रहने वाला नहीं था। 'कहाँ हो?' आभा ने फिर से पूछा। 'यहीं दिल्ली में ही हूँ। रोज तुम्हारे हॉस्टल की तरफ जाता हूँ। तुम्हारे हॉस्टल वाले कमरे को दूर से देखता हूँ। लगता है आज

भी जैसे तुम खिड़की में खड़ी मेरे लिए इंतजार कर रही हो' समय ने कहा। 'समय प्लीज! ऐसी बातें मत करो' आभा ने अपने बहते हुए आँसुओं को रोकने की नाकामयाब कोशिश करते हुए कहा। 'तो क्या करूँ जान? अब तुम ही बताओ कि मैं क्या करूँ? पहाड़ों से कूदकर अपनी जान दे दूँ ताकि अपने कर्मों का प्रायश्चित कर सकूँ।

मुझे तुम्हारे बगैर ज़िंदगी से ज्यादा, मौत प्यारी लगती है। तुम ही बताओ मैं अब क्या करूँ?' समय आभा को अपनी तकलीफ बताने की कोशिश कर रहा था।

'तुम शादी कर लो समय। अपने लिए कोई अच्छी सी लड़की ढूँढ़ लो जो तुम्हें इस अकेलेपन से, मेरी यादों से बाहर निकाल पायें' आभा ने कहा। 'नहीं' आभा, इस जनम में तो नहीं। तुम्हारे अलावा अब कोई नहीं' समय अपने इरादों पर पक्का था। 'तुम्हें मुझे भुलने की कोशिश करनी पड़ेगी समय। यह ज़िंदगी है और वह चलती रहनी चाहिए। मेरे लिए अपनी ज़िंदगी बरबाद मत करो' आभा ने कहा। 'चल तो रही है मेरी ज़िंदगी तुम्हारी यादों के सहारे। मैं खुश हूँ इसी में, अब मरने के बाद ही इस दिल को राहत मिलेगी। रात काफी हो गयी है, तुम अब सो जाओ मैं फोन रखता हूँ' कहकर समय ने फोन काट दिया।

आभा रातभर रो रही थी। समय उसे बहुत दुख पहुँचाता है, हर बार। हर बार वह आभा को एक सवाल के साथ अकेला छोड़ जाता है। आभा आज भी समय के सवालों में घिरी बेबस सी लग रही थी। आभा कोशिश करती कि वह समय को फोन ना करे। पर जितनी वह समय से, उसकी यादों से भागना चाहती, समय से बात करने की, उससे मिलने की आभा की ख्वाहिश उतनी ही बढ़ती जाती। आभा समय को फोन कर लेती, उसकी खैरियत पूछ ही लेती। धीरे-धीरे दोनों में बाते होने लगी, मुलाकाते बढ़ने लगी।

पहले की तरह आभा, समय से घुलने मिलने लगी, उसके साथ हँसने लगी खिलखिलाने लगी।

एक दिन अभय आभा से मिलने उसके घर आया। आभा हँसते हुए घर के फोन से समय से बात कर रही थी। घर पर आभा के अलावा कोई नहीं था।

'अरे! अभय आप कब आये? आभा ने अभय को सामने देख चौंककर पूछा। 'बस! अभी अभी आया हूँ। तुम काफ़ी खुश लग रही हो आभा। क्या बात है, इतना खुश मैंने तुम्हें आज तक नहीं देखा' अभय ने पूछा। आभा अब थोड़ी शांत हो गयी थी। 'अभय मुझे काफी दिनों से आप को एक बात बतानी थी। आप गुस्सा मत करना, वादा करो' आभा ने झिझकते हुए कहा। आभा को पता था यह पल वही है जिसमें उसे अभय को सब कुछ सच बता देना चाहिए। आभा अभय से कुछ भी छुपाना नहीं चाहती थी। 'अभय बात यह है कि समय लौट आया है। मैं उसी से फोन पर बात कर रही थी'। आभा ने समय के वापस आने के बाद से अब तक की सारी बात अभय को बतायी। अभय ख़ामोशी से आभा की बातें सुन रहा था। उसने कुछ नहीं कहा। 'कुछ नहीं कहेंगे अभय? कुछ तो बोलिए' अभय की ख़ामोशी, आभा को चुभ रही थी।

'आभा सच कहूँ मैं तुम्हारे लिए खुश हूँ। मैंने महसूस किया कि जितनी खुश तुम समय के साथ होती हो किसी और के साथ नहीं होती। मैं जानता हूँ समय तुम्हारा पहला प्यार है इसलिए उसके लिए तुम्हारे जो जज्बात है वो शायद किसी और के लिए नहीं हो सकते। पर एक दोस्त के नाते मैं तुम्हें यह पूछना चाहता हूँ कि क्या तुम्हें समय पर फिर से भरोसा करना चाहिए? एक ऐसा इंसान जिसकी वजह से तुम मौत के मुँह में जाते-जाते बची हो, क्या तुम्हें एक नयी और खुशहाल ज़िंदगी दे पायेगा? क्या इस बात का तुम्हें

यकीन है कि समय फिर से तुम्हें छोड़कर नहीं जायेगा? क्यूँकि इस बार तो तुम बड़ी मुश्किल से उसकी जुदाई के ग़म से बाहर आ पायी हो' भगवान ना करे अगर समय तुम्हें फिर से अकेला छोड़कर गया तो क्या होगा? क्या तुम अपने आप को फिर से संभाल पाओगी? क्यूँ तुम उस इंसान से इतनी जुड़ी पड़ी हो आभा जो तुम्हें बार-बार अकेला छोड़कर चला जाता है?

क्या तुम एक ऐसे इंसान के साथ रहोगी जो बस खुदगर्ज़ है जिसे तुम्हारी परवाह नहीं। मैं नहीं कहता कि तुम समय को छोड़ मुझ से शादी करो पर मैं यह ज़रूर चाहूँगा कि तुम एक ऐसे इंसान के साथ अपनी ज़िंदगी गुजारो जिसे तुम्हारी कद्र है, जिसे तुम्हारे जीने मरने से फ़र्क पड़ता है' अभय आभा के लिए चिंतित था। 'मैं आपकी बात समझ रही हूँ अभय पर जैसे आप समय के बारे में सोच रहे हो, समय वैसा नहीं है। मैंने माना इतने दिनों उसने मुझे अपने बारे में कोई खबर नहीं दी पर वह मुझे भुला नहीं था। समय आज भी मुझसे उतना ही प्यार करता है जितना कि कल करता था। आभा अभय को समझाने की कोशिश कर रही थी।

'यह तुम मुझे समझाने की कोशिश कर रही हो कि अपने आप को? आभा ज़िंदगी जितनी आसान दिखती है उतनी होती नहीं। जितने अच्छे हमे लोग दिखते हैं क्या वाकई में वह नेक हैं यह जाने बगैर हमें अपनी जिंदगी के ज़रूरी फैसले नहीं करने चाहिए। मैं समय से एक बार मिलना चाहता हूँ आभा। क्या तुम मुझे उससे मिलवाओगी?' अभय अब भी आभा को फिर से धोखा खाने से बचाने की कोशिश कर रहा था।

रविवार के दिन समय और आभा ने वही पार्क में मिलने के बारे में तय किया। आभा ने समय को नहीं बताया कि अभय भी उस के साथ आने वाला है और समय से मिलना चाहता है।

आभा और अभय सुबह ग्यारह बजे के आसपास पार्क पहुँचे जहाँ पर समय आभा का इंतजार कर रहा था।

सुबह के इस वक्त पार्क में ज्यादा लोग नहीं होते थे। पार्क के कोने में खड़ा समय आभा के लिए इंतजार कर रहा था।

'अभय वह देखो समय, उस बेंच के पास खड़ा मेरा इंतजार कर रहा है' आभा ने समय की तरफ इशारा करते हुए कहा। समय की पीठ आभा की तरफ थी इसलिए समय अभय को आभा के साथ आते नहीं देख पाया।

'समय काफी देर से इंतजार कर रहे हो क्या?' आभा ने समय के करीब आकर पूछा। 'नहीं। अभी आया हूँ थोड़े देर पहले' समय ने आभा की तरफ मुड़कर जवाब दिया। समय ने अभय की तरफ हैरानी से देखते हुए पूछा, 'यह महाशय कौन है?'। 'समय! यह अभय है। यह तुमसे मिलना चाहते हैं इसलिए मैं इन्हें अपने साथ ले आयी। 'हाय अभय जी! कैसे हैं आप' कहते हुए समय ने अभय को अभिवादन किया।

अभय ने उसे कोई जवाब नहीं दिया। 'आभा क्या मैं और समय थोड़ी देर अकेले में कुछ बात कर सकते हैं?' अभय ने आभा की तरफ देखते हुए कहा।

'हाँ क्यूँ नहीं। मैं आप लोगों का इंतजार करती हूँ' कहते हुए आभा थोड़ी दूर चली गयी। आभा समय और अभय को बात करते हुए देख सकती थी पर दोनों में क्या बात हो रही है उसे सुनाई नहीं पड़ रहा था।

समय और अभय में थोड़ी देर तक बातें होती रही। कुछ देर बाद अभय, आभा के करीब आ गया। 'आभा मैं तुम से शाम में मिलता हूँ' बस इतना कहकर अभय वहाँ से चला गया। आभा को

महसूस हुआ अभय का मूड कुछ उखड़ा सा था। आभा समय के पास चली गयी। 'क्या बात है समय? तुम दोनों में क्या बात हुई कि अभय इतने उखड़े से मूड में यहाँ से चले गये?' आभा समझ नहीं पायी थी। 'इसका जवाब तुम्हें अभय से ही पूछना चाहिए। वैसे तुम्हें मुझे पहले बता देना चाहिए था कि अभय तुम्हारे साथ यहाँ मुझ से मिलने आने वाला है' अब समय भी आभा से नाराज लग रहा था। समय भी वहाँ से चला गया।

आभा पार्क में अकेली रह गयी। 'हे ईश्वर यह क्या हो गया? दोनों के बीच कुछ ऐसी बात तो नहीं हुई जिसकी वजह से कुछ अनहोनी हो जाये' सोचते हुए आभा परेशान हो रही थी।

शाम के वक़्त अभय ने आभा को कॉफी शॉप पर बुलाया। वह आभा से घर पर बात करना नहीं चाहता था।

'अभय अब तो बता दो कि तुम दोनों में क्या बात हुई' आभा ने बड़ी बेकरारी से अभय से पूछा। 'आभा पहले मुझे बताओ कि क्या तुम मुझे अपना दोस्त मानती हो? क्या तुम मुझ पर भरोसा करती हो?' अभय ने आभा का हाथ थामते हुए पूछा। 'हाँ अभय। मैं आप पर पूरा भरोसा करती हूँ' आभा ने अभय की आँखों में देखते हुए जवाब दिया। 'देखो आभा आज इस पल यह भूल जाओ कि तुम्हारी और मेरी सगाई हो चुकी है, यह भी भूल जाओ कि कुछ दिनों में हमारी शादी होने वाली है।

मैं तुमसे आज जो भी कहूँगा तुम उसे पूरे ध्यान से सुनना। समझना तुम्हारा दोस्त तुम्हारा शुभचिंतक तुमसे कुछ कहने जा रहा है' अभय ने आभा का हाथ अब तक अपने हाथों में थाम रखा था। 'हाँ अभय, मैं हमेशा ही आपको अपना शुभचिंतक मानती हूँ। प्लीज आप बेफिक्र होकर मुझसे कहिए, जो भी आप कहना चाहते हैं' आभा ने कहा।

अभय ने एक लंबी सांस भरी और कहा, 'आभा, समय तुम्हारे लिए ठीक नहीं है। तुम समय पर भरोसा करके गलती कर रही हो'। 'यह आप क्या कह रहे हैं अभय? मैं समय को काफी सालों से जानती हूँ। शायद आपको कोई गलतफहमी हो रही है' आभा ने परेशान होकर कहा। 'आभा मेरी बात ठीक से सुनो। समय वो नहीं है जो तुम उसे समझती हो। समय वह है जिसे आजतक तुमने कभी जाना ही नहीं वह जैसे दिखाई पड़ता है वैसा नहीं है। इससे ज्यादा मैं तुम्हें और कुछ नहीं समझा सकूँगा बस! इतना ध्यान रखना अगर तुम ज़िंदगी में खुश रहना चाहती हो तो समय से दूर रहो।

समय तुम्हारे साथ अपनी ज़िंदगी नहीं गुजारेगा वह हमेशा तुम्हारे साथ नहीं रहेगा। समय फिर से तुम्हें छोड़कर चला जायेगा। तुम उस पर भरोसा नहीं कर सकती हो। समय ने सिर्फ तुम्हारे ज़िंदगी में आंसू भरे हैं और यकीन मानो वह तुम्हें सिर्फ दुख दे सकता है और कुछ नहीं' अभय कहता गया और आभा उसकी तरफ एकटक देखती रही। उसे नहीं पता समय और अभय में किस चीज़ पर बहस हुई थी। उसे नहीं पता अभय ने उसे समय के बारे में यह सब कुछ क्यूँ कहा। 'अभय मैं आप से एक बात कहूँगी कि सिर्फ पाँच मिनट की मुलाकात में आपको समय के बारे में इस नतीजे पर नहीं पहुँचना चाहिए। मैं समय को बहुत पहले से जानती हूँ। मुझसे अच्छा समय को कोई समझ नहीं सकता' आभा अभी भी अभय की बातों को मानने के लिए

तैयार नहीं थी। 'आभा' तुम समय को बस उतना ही जानती हो जितना वो तुम्हें दिखाता है। असलीयत क्या है यह तुम आज भी नहीं जानती। मैंने समय को सिर्फ पांच मिनट में जान लिया जो तुम इतने सालों तक नहीं जान पायी। मेरी बात मानों आभा आज के बाद समय से मिलना छोड़ दो। उससे फोन पर बात करना

भी छोड़ दो। मुझे पता है तुम्हारे लिए यह आसान नहीं होगा पर धीरे-धीरे सब ठीक हो जायेगा। मैं हूँ तुम्हारे साथ मैं तुम पर कोई आँच नहीं आने दूँगा'। आभा ने अभय के हाथों से अपना हाथ छुड़ा लिया। वह परेशान थी। 'अभय यह आप क्या बोल गये? मेरी कुछ समझ में नहीं आ रहा है मैं क्या करूँ? आभा कुछ समझ नहीं पा रही थी कि अब वह क्या करें।

रात के वक़्त अपने कमरे में, शून्य में ताकते हुए आभा खिड़की में बैठी थी। उसका फोन बजा वह समय का कॉल था। आभा ने अभय की बातों को अनसुना कर के समय का फोन उठाया, 'कहाँ हो जान? क्या अभी तक अभय के साथ हो? समय ने मजाकियाँ अंदाज में कहा। 'मजाक मत करो समय मैं पहले ही परेशान हूँ' आभा ने कहा। 'क्या हो गया परेशान होने के लिए' समय ने पूछा। 'मुझे एक बात बताओ समय, आज सुबह तुम में और अभय में क्या बात हुई?' आभा ने पूछा।

'क्या तुम्हें अभय ने नहीं बताया? तुम दोनों तो काफी देर तक कॉफी शॉप में बाते कर रहे थे' समय ने कहा। 'क्या तुम मेरा पीछा कर रहे थे समय? तुम्हें कैसे पता मैं और अभय कॉफी शॉप पर मिले थे' आभा ने नाराज होते हुए कहा। 'जाने दो वह बात, मुझे लगा अभय ने अब तक मेरे खिलाफ तुम्हारे कान भर दिये होंगे' समय आज अजीब से अंदाज में बात कर रहा था। 'समय प्लीज पहले ही मैं परेशान हूँ। मेरे समझ में कुछ नहीं आ रहा है। बातों को और मत उलझाओ और मुझे बताओ कि सुबह अभय ने तुम से क्या कहा।

'तुम सुनना चाहती हो तो ठीक है आभा। सुनो अभय ने मुझसे कहा कि वह तुमसे प्यार करता है। वह तुमसे शादी करना चाहता है और मैं, तुम्हारी ज़िंदगी से दूर चला जाऊँ। उसने मुझसे कहा कि मैं तुम्हारे काबिल नहीं, मैं तुम्हें भुल जाऊँ। अभय ने कहा

कि इतने दिन मेरे बगैर तुम उसके साथ जितनी खुश थी उससे ज्यादा खुश वह तुम्हें आज के बाद रखेगा। मैं तुमसे पूछना चाहता हूँ आभा कि तुम क्या चाहती हो। तुम्हें हम दोनों में से एक को चुनना पड़ेगा। अभय भी तुमसे बहुत प्यार करता है पर तुम मेरी जान हो। मैं तुमसे इतना प्यार करता हूँ कि मैं अपने शब्दों में बयां नहीं कर पाऊंगा। फिर भी मैं चाहूँगा कि तुम सही चुनो। हम दोनों में से उसे चुनो जिसके साथ तुम पूरी ज़िंदगी खुश रह पाओ। मैं यह फैसला तुम पर छोड़ता हूँ।

अगर तुम मुझे छोड़कर अभय को चुनोगी तो भी मैं नाराज नहीं होऊँगा। पर वादा करता हूँ पलटकर फिर तुम्हारी तरफ कभी नहीं देखूँगा। तुम्हारे लाख बुलाने पर फिर कभी वापस नहीं आऊंगा। आभा तुम्हारी ज़िंदगी का फैसला तुम्हें ही करना है पर याद रखना तुम्हारे इस फैसले से हम दोनों की तक़दीर जुड़ी है। या तो हम दोनों साथ हैं हमेशा के लिए या फिर कभी एक दूसरे के सामने नहीं आयेंगे' कहकर समय ने फोन काट दिया।

आभा ने अभय को फोन मिलाया। 'क्या आपने समय से यह कहा कि वह मेरे लायक नहीं है? आप मुझसे शादी करना चाहते हैं इसलिए आपने मुझसे समय के बारे में झूठ कहा ना अभय?' आभा अपना आपा खोकर बोले जा रही थी। 'यह तुम क्या कह रही हो आभा? क्या हुआ है मुझे ठीक से बताओ' अभय आभा के इन सवालों से परेशान हो गया।

'अभय समय ने मुझे सब सच बोल दिया है। उसने मुझे बताया कि आप मुझसे शादी करना चाहते हैं इसलिए समय को मुझे भूल जाने के लिए कह रहे थे' आभा ने कहा।

'क्या तुम्हें यह सब समय ने कहा' अभय ने आश्चर्य से पूछा। 'हाँ' आभा ने बड़ी ही बेरूखी से जवाब दिया। 'अभय मैं आप को

एक अच्छा इंसान, एक अच्छा दोस्त मानती रही और आपने मेरे साथ यह सब किया। क्या मिला आपको समय को यूँ भला-बुरा कहने से। मुझे आपसे यह अपेक्षा बिल्कुल नहीं थी कि आप मेरे और समय के बीच कोई दरार पैदा करो' आभा बोलती गयी। 'देखो आभा शांत हो जाओ। मेरा यकीन मानो मैंने यह समय से कभी नहीं कहा' अभय ने अपनी सफाई में कहा। 'तो क्या समय मुझ से झूठ कह रहा है?' आभा ने फिर से सवाल उठाया।

'आभा पता नहीं समय ने तुमसे यह क्यूँ कहा पर मेरा यकीन करो हमारे बीच ऐसी कोई बात नहीं हुई थी। अभय आभा को समझाने की कोशिश करता रहा।

'अभय समय ने मुझे यह कहा कि मैं एक तो आपको चुनूँ और उसे भूल जाऊँ या फिर उसे अपना जीवनसाथी बनाकर आप से हमेशा के लिए नाता तोड़ दूँ। उसने मुझसे कहा कि अगर मैं आपको चुनती हूँ तो वह कभी मेरा चेहरा नहीं देखेगा' आभा परेशान थी। वह फिर से एक बार समय को खोना नहीं चाहती थी। 'देखो आभा मैं तुम्हें कुछ बताना चाहता हूँ पर अभी वह वक़्त नहीं आया है। मैं तुम्हें परेशानी से बचाना चाहता हूँ। प्लीज तुम मेरी बात मान जाओ और समय से दूर रहो। मैं तुम्हें वक़्त आने पर सब सच बताऊँगा वादा है' मुझे गलत मत समझो' अभय ने कहा। आभा सोच-सोचकर और परेशान हो रही थी। 'क्या बात है जो अभय मुझसे कह भी नहीं पा रहे और मुझसे छुपा भी नहीं पा रहे' आभा के दिमाग ने मानो काम करना बंद कर दिया था।

दूसरे दिन अभय, आभा की माँ पिताजी से मिलने घर आया। काफी देर तक उन लोगों में बाते होती रही। सब परेशान से लग रहे थे। आभा घर वापस आयी वह अब तक कहीं बाहर गयी हुई थी। अभय आप कब आये? और यह माँ को क्या हुआ यह क्यूँ रो रही है?' आभा सब को परेशान देख समझ नहीं पायी।

माँ आभा के पास आयी। आभा को कुर्सी पर बिठाते हुए उसके बगल वाली कुर्सी पर बैठ गयी। 'आभा मुझे एक बात बताओ क्या तुम मुझसे और अपने पिताजी से प्यार करती हो? माँ ने अपने आँसू पोंछते हुए कहा। 'यह कैसा सवाल है माँ। हाँ मैं आप दोनों से प्यार करती हूँ' आभा ने कहा। 'तो मेरी एक बात मानोगी बेटा?' माँ ने खुद को संभालते हुए कहा। आभा के पिताजी और अभय भी बगल में ही चुपचाप खड़े थे। 'हाँ कहो माँ' आभा ने कहा। 'बेटा तुम समय से मिलना छोड़ दो।

तुम समय से बात करना भी बंद कर दो। तुम उससे सारे संबंध तोड़ दो। हम लोग चाहते हैं तुम समय से दूर रहो यही हम सब लोगों के लिए अच्छा है' माँ ने कहा। 'माँ! यह आप क्या कह रही हैं? मुझे समझ नहीं आता आप सब लोगों को समय से क्या दिक़्कत है। उसने क्या बिगाड़ा है आप लोगों का?' आभा ने गुस्से से कुर्सी से उठते हुए कहा। 'देखो आभा हम तुम्हारे माँ-बाप हैं। हम तुम्हारा बुरा नहीं चाहेंगे। मैं तुम्हारे सामने हाथ जोड़ती हूँ तुम समय से आज के बाद कभी नहीं मिलोगी वादा करो मुझसे और अगर तुमने मेरी बात नहीं मानी तो मेरा मरा मुँह देखोगी' आभा की माँ ने अपने हाथ जोड़ते हुए कहा। 'आंटीजी प्लीज आप यह सब मत करिए, प्लीज' अभय ने आभा की माँ को समझाते हुए कहा। 'देखो आभा बात मान जाओ। समय को भुलने की कोशिश करो यही सब के लिए अच्छा होगा' अभय ने आभा से कहा और वह वहां से चला गया।

आभा को लग रहा था मानों उसका दिमाग फट जायेगा। उसे कुछ भी समझ नहीं आ रहा था। आभा ने रातभर सोचा। आभा की जैसे ही आँख लगी फिर से उसने महसूस किया वही काली सी परछाई उसके कमरे से बाहर की तरफ जा रही है। आभा ने चौंककर बत्ती जलायी पर हमेशा की ही तरह कोई भी नहीं था।

आभा का फोन बजा। समय का फोन आ रहा था। आभा ने दो बार फोन काटा फिर भी समय ने तीसरी बार फोन किया। इस बार आभा से रहा नहीं गया उसने समय का फोन उठा लिया। 'हैलो जान क्या कर रही हो? क्या मुझे याद कर रही हो?' समय ने कहा। 'मैं अब तुम्हारी जान नहीं रहूँगी समय। मुझे भुल जाओ' आभा बड़ी ही दुखी थी। 'क्या हुआ क्यूँ दुखी हो? अच्छा तो अभय की बातों को लेकर अब तक परेशान हो' समय ने हँसते हुए कहा। 'मेरे घरवाले भी चाहते हैं कि मैं अब तुमसे कभी ना मिलूँ, कभी तुमसे बात ना करूँ' आभा की आँखों से आँसू बहने लगे।

'और तुम क्या चाहती हो आभा? समय ने पूछा। 'पता नहीं मैं क्या चाहती हूँ समय! बस मैं तुम्हें खोना नहीं चाहती' आभा फुटफुटकर रो रही थी। 'मैं थक चुकी हूँ समय, इस ज़िंदगी से अपने आप से लड़ते-लड़ते, मैं थक चुकी हूँ। जब भी मैं खुश होना चाहती हूँ ज़िंदगी मुझे दुख दे देती है जब भी मैं सोचती हूँ तुम्हें पा लूँगी किस्मत मुझे तुमसे दूर उठाकर पटक देती है। मैं अपनी किस्मत से लड़ते-लड़ते थक गयी हूँ समय। सच कहूँ मैं मर जाना चाहती हूँ तुम्हारे बगैर जीने की कोई चाह नहीं है मुझे' आभा रोये जा रही थी। 'ऐसी बातें मत करो आभा मेरी जान निकल जायेगी। तुम्हारे बगैर मेरा कोई अस्तित्व नहीं। तुम हो तो मैं हूँ, तुम नहीं तो मैं कहाँ हूँ आभा' समय भी अब दुखी हो गया था। आभा का यूँ रोना उसका दिल चिर गया था।

'तो फिर मुझे अपने साथ ले चलो। इन सब से दूर हम अपनी नयी दुनिया बनायेंगे' आभा ने अपने आंसू पोंछते हुए कहा। 'काश! मैं यह कर सकता आभा। मेरे साथ मैं तुम्हें ले जा पाता। दिन-रात तुम्हें अपने सामने देख पाता तुम्हें बहुत-बहुत प्यार कर पाता। पर यह मुमकीन नहीं। मेरी हालत ठीक नहीं है और मैं ऐसी जगह से हूँ जहाँ तुम्हारे जैसी ऐशो-आराम में पली-बढ़ी लड़की नहीं रह पायेगी'

समय ने कहा। 'यह तुम क्या कह रहे हो समय, ऐसा मत बोलो। अब! चाहे जो भी हो मैं तुम्हारी होना चाहती हूँ। इससे पहले कि तुम फिर से मुझे अकेला छोड़ जाओ मैं तुम्हें अपनी प्यार की डोर से बांधना चाहती हूँ। अब मुझे दुनिया की कोई परवाह नहीं मैं तुम में समा जाना चाहती हूँ समय। मुझे अपने आप में मिला लो ताकि आभा और समय बाकी ही ना रहे वो एक हो जाये' आभा ने निर्णय ले लिया था। उसने अपनी ज़िंदगी का आज फैसला कर लिया था।

'ठीक है आभा जैसी तुम्हारी मर्जी। हम लोग शादी करेंगे पर उसके बाद फिर कभी मुझसे मत कहना कि मैंने तुम्हें अपने हालात के बारे में नहीं बताया था। उसके बाद फिर तुम कभी मुझे छोड़कर नहीं जा पाओगी बोलो मंजूर है?' समय शादी के लिए मान गया था। 'हाँ समय मुझे मंजूर है। तुम्हारे बिना तिल-तिल मरने से तो अच्छा है टूटी-फुटी ही सही तुम्हारे साथ अपनी ज़िंदगी गुजारूँ' आभा अब खुश लग रही थी। 'ठीक है आभा कल हम लोग शादी करेंगे।

तुम सुबह ग्यारह बजे मंदिर पहुँच जाना मैं सारे इंतजाम करके रखता हूँ' कहकर समय ने फोन रख दिया। आभा बेहद खुश थी उसकी कल समय के साथ शादी होने वाली थी। सारी रात आभा सो नहीं पायी। 'शादी करने के बाद मैं और समय माँ-पिताजी से उनका आशीर्वाद लेने आ जायेंगे। मुझे पूरा यकीन है वे लोग हमें माफ कर देंगे और समय को अपना लेंगे' आभा सोच रही थी।

सुबह साढ़े दस बजे के करीब करीब आभा अपने घर से निकली। माँ से उसने कुछ बहाना कर दिया था, माँ को उसपर तनिक भी शक नहीं हुआ। रास्ते से उसने टैक्सी ली और मंदिर की

तरफ बढ़ने लगी। थोड़ा सा डर, थोड़ी सी घबराहट थोड़ी सी कशिश मन में लिए आभा अपनी मंजिल की तरफ बढ़ने लगी। पर हमेशा की ही तरह किस्मत को आभा की खुशी देखी नहीं गयी। सामने से आते हुए तेज़ रफ्तार ट्रक ने आभा की टैक्सी को जोर से टक्कर मारी। एक्सीडेंट काफी बड़ा था। टैक्सी कई फीट दूर जा गिरी थी।

यह वही मोड़ था जहाँ कुछ सालों पहले आभा का एक्सीडेंट हुआ था। देखने वालो को लगा टैक्सी में शायद ही कोई बच पाया होगा। आभा को काफी चोट लगी थी। वह बेहोश थी लोगों ने टैक्सी से उसे बाहर निकाला। हॉस्पिटल पहुँचाया। आभा के फोन से घरवालों का नंबर लेकर उन्हें इस अपघात के बारे में बताया। अभय भी भागते दौड़ते अस्पताल पहुँचा।

आभा को सर पर काफी चोटे आयी थी। उसे आई.सी.यू. में भर्ती कराया गया।

ताज्जुब की बात यह थी कि टैक्सी ड्राइवर को कुछ खरोंचो के अलावा कोई बड़ी चोट नहीं आयी थी।

उसने आभा के घरवालों को बताया कि 'वह मंदिर जा रही थी रास्ते में फोन पर वह किसी समय से बात कर रही थी। लग रहा था जैसे वह शादी करने जा रही हो'। टैक्सी ड्राइवर की बातों से सब लोग हैरान रह गये। 'आभा! यह क्या करने जा रही थी तुम बेटा' आभा की माँ ने रोते हुए कहा।

चार दिन गुजर चुके थे। आभा को अब भी होश नहीं आया था। उसके दिमाग पर काफी चोट आयी थी। डॉक्टर उसकी हालत से बड़े चिंतित थे। अभय से जो भी बन पा रहा था वह सबकर रहा था। वह आभा को फिर से ठीक होते हुए देखना चाहता था।

पाँचवे दिन आभा को होश आया। उसने धीरे-धीरे अपनी आँखें खोली। सामने अभय खड़ा था। अभय का चेहरा दुखी था। आभा ने जान लिया था कि अब उसके पास ज्यादा वक़्त बाकी नहीं रहा।

'मुझे माफ करना अभय, मैंने आपके साथ जो कुछ भी किया। मैं बहोत बुरी हूँ। मैं आप से प्यार नहीं कर पायी' आभा के आँखों से अश्रु छलक रहे थे। 'आभा मैं समझ रहा हूँ। इसमें तुम्हारी कोई गलती नहीं है' अभय ने आभा का हाथ अपने हाथों में लेते हुए कहा। आभा के माँ-पिताजी भी कमरे में आये। 'माँ-पिताजी मुझे माफ करना मैं आप की अच्छी बेटी नहीं बन पायी' आभा ने कहा। 'ऐसा मत कहो आभा, हमें तुम से कोई शिकायत नहीं। पिताजी ने आभा के सर पर हाथ रखते हुए कहा। 'तुम आराम करो हम लोग बाहर बैठे हैं' आभा की माँ ने कहा और माँ पिताजी आभा के कमरे से बाहर निकल आये। वह आभा के सामने रोना नहीं चाहते थे।

'मैं तुमसे एक बात कहना चाहता हूँ आभा मैं तुमसे प्यार करता हूँ। तुम जैसी हो वैसी ही मैं तुम्हें बहुत चाहता हूँ। प्लीज मुझे छोड़कर मत जाओ, मैं तुम्हारे बगैर नहीं रह पाऊँगा' अभय ने अभी भी आभा का हाथ अपने हाथ में थाम रखा था। आभा की नज़र अभय से हटकर कमरे के दरवाजे की तरफ गयी। वहाँ समय खड़ा था। जैसे ही आभा की उस पर नज़र पड़ी वह कमरे के भीतर आ गया। भीतर आकर वह आभा के पलंग के पास वाली कुर्सी पर बैठ गया। समय के चेहरे पर कोई दुख नज़र नहीं आया। समय की नज़रों में एक सुकून, एक चमक थी। तुम कब आये समय?' आभा ने समय की तरफ देख पूछा। समय ने कुछ जवाब नहीं दिया। 'अभय शायद समय आपके सामने मुझसे बात नहीं करेगा। क्या मैं उसके साथ अकेले में कुछ बात कर सकती हूँ' आभा ने अभय की ओर देखते हुए कहा।

'हाँ ठीक है आभा। मैं बाहर इंतजार करता हूँ' कहकर अभय बाहर की ओर चला गया। 'इतना देर कहाँ रह गये थे तुम समय? मैं कब से तुम्हारे लिए इंतजार कर रही थी' आभा ने समय की तरफ देख कहा।

'मुझे लगा तुम्हें देखे बगैर ही मैं दम तोड़ दूँगी' आभा ने कहा तो समय ने उसका हाथ थाम लिया। 'मैं तुमसे बेहद प्यार करता हूँ आभा। मौत भी हम दोनों को जुदा नहीं कर पायेगी। मैंने तुम्हें बहुत दुख दिये हैं 'जान' अब आज से तुम्हारी सारी परेशानियाँ मेरी है। तुम्हारे सारे आँसू, तुम्हारे सारे ग़म मेरे हैं। मैं वादा करता हूँ आज के बाद तुम्हें कोई दुःख नहीं होगा बस खुशियाँ ही खुशियाँ होंगी। अपनी आँखें बंद कर लो आभा और उन दिनों को याद करो जो हम दोनों ने साथ में बिताये थे। उन रातों को याद करो जो मुस्कुराहट की गरमाहट हमारी जीवन में ले आयी थी। मैं तुम्हारा था और हमेशा तुम्हारा ही रहूँगा। तुम मेरे साथ महफूज हो' कहते हुए समय ने आभा के माथे को चुम लिया।

प्यार भरी मुस्कान समय के चेहरे पर रौनक बरसा रही थी। समय ने आभा के आँखों को अपनी हथेली से ढ़क दिया और आभा का हाथ अपने हाथ में थामे वहीं कुर्सी पर बैठा रहा।

थोड़ी देर बाद डॉक्टर अंदर आये। आभा जा चुकी थी। उसकी नब्ज नहीं चल रही थी। आभा की दिल की धड़कने रूक गयी थी। आभा अनंत निद्रा में जा चुकी थी जहाँ उसे कोई परेशानी नहीं थी बस सुकून था। माँ-पिताजी आभा के कमरे में आये। आभा को निर्जीव देख वह फुटफुटकर रोने लगे। अभय उनके पास आकर उन्हें ढ़ाढ़स बंधाने लगा। 'अंकल-आंटी आप आभा के लिए मत रोओ। आभा को जहाँ पहुँचना था वह वहाँ पहुँच चुकी है। अब वह बहुत खुश रहेगी। उसे कोई परेशानी नहीं होगी' अभय ने कहा।

आभा के चले जाने के बाद एक दिन अभय आभा के माँ पिताजी से मिलने आया। 'आंटी जी आज से मैं आपका बेटा हूँ। आभा आज हम लोगों के बीच नहीं तो क्या हुआ वो हमें ऊपर से देख रही होगी। उसके लिए हम लोगों को खुश रहना होगा। आप

को किसी भी चीज की ज़रूरत हो, आप लोग मुझसे कहेंगे। मुझे अपना बेटा समझेंगे' अभय ने आभा की माँ से कहा। 'तुम बहुत अच्छे हो अभय। आभा ने तुम्हारा प्यार ठुकराकर उस आवारा समय से शादी करने का फैसला कर लिया फिर भी तुम्हें उससे कोई शिकायत नहीं।

वो समय जिसके ना खानदान का पता है ना कामकाज का, कैसे उसके साथ आभा की शादी की बात करते? तुम हमसे हमारा हालचाल जानने तो आये पर वह समय जिससे आभा ने इतना प्यार किया जिसकी वजह से आभा को अपनी जान तक गँवानी पड़ी उसे एक बार भी हमारी खबर लेने की परवाह नहीं हुई। हमारी तो छोड़ो वह आभा को आखरी बार देखने तक नहीं आया।

खुदगर्ज इंसान उसने हमसे हमारी बेटी को छीना है, हम लोग उसे कभी माफ नहीं करेंगे" कहते हुए आभा की माँ समय को कोसने लगी। 'आंटी जी, अंकल जी मुझे आप दोनों से एक बात कहनी है। मैं आप लोगों को बताने ही वाला था पर उससे पहले यह सब हो गया। मैंने आप लोगों से समय के बारे में झूठ कहा था कि समय एक आवारा किस्म का लड़का है। यह भी झूठ कहा था कि उसका खानदान ठीक नहीं है। और यह भी झूठ कहा था कि आभा समय के साथ कभी खुश नहीं रह पायेगी क्यूँकि समय की फितरत है लड़कियों की ज़िंदगी के साथ खेलना। काश! उस दिन मैंने सब सच आप लोगों को बताया होता तो शायद आभा आज हमारे बीच होती। अभय भारी मन से कहता रहा।

'तुम क्या कहना चाहते हो अभय साफ-साफ कहो। हमें कुछ भी समझ नहीं आ रहा है' आभा के पिताजी ने परेशान होते हुए कहा।

'अंकल जी आज मैं सब सच कहूँगा। सच्चाई तो यह है कि आभा अपनी पूरी ज़िंदगी उस इंसान से प्यार करती रही जो वास्तव

में कभी था ही नहीं' अभय ने कहा। 'यह क्या कह रहे हो अभय?' आभा की माँ ने चौंकते हुए कहा। 'हाँ, आंटीजी मैं एकदम सच कह रहा हूँ। आभा ताउम्र समय से प्यार करती रही उसके लिए रोती रही, परेशान होती रही पर सच बात तो यह है कि समय नाम का कोई शख्स कभी था ही नहीं। जब पहली बार, कुछ सालों पहले आभा का एक्सीडेंट हुआ था तब आभा के दिमाग पर गहरी चोट लगी थी। आभा ने बेहोश होने से पहले किसी इंसान की परछाई देखी थी जो उसे सहारा देने के लिए उसके पास आया था। आभा के दिमाग ने बेहोशी की हालत में अपने अंदर ही अंदर एक लड़के की छवि बना ली जिसे उसने ही समय नाम दिया।

समय को आज तक आभा के अलावा किसी ने नहीं देखा, मैंने भी नहीं। आभा समय से बातें करने लगी, उसके साथ वक़्त काटने लगी जिससे उसके अकेलेपन को राहत मिलती। आभा के दिमाग ने समय के माध्यम से वह सब कुछ करवाया जो वह अपनी असली ज़िंदगी में चाहती थी। समय से आभा ने बेइंतहा प्यार किया। समय का आभा को छोड़ जाना, समय की माँ का देहांत होना, समय का दुबई चले जाना यह सब बस आभा के मन के खेल थे।

यह बात मुझे तब पता चली जब मैं आभा से मिलने यहाँ आया था। आप लोग घर पर नहीं थे। आभा घर के फोन से समय से बात कर रही थी। उसके बात करने के अंदाज से मुझे उस पर शक हुआ। आभा को चाय बनाने मैंने अंदर भेजा और रिडायल का बटन दबाया। मैं चौंक गया क्यूँकि फोन बंद पड़ा था।

चल नहीं रहा था। जब फोन बंद पड़ा था तो आभा उस फोन से कैसे किसी से बात कर सकती है' अभय ने कहा। 'हाँ तुम्हारी बात सही है अभय घर का लैंडलाईन काफी दिनों से बंद ही था। लाईन

में कुछ गडबड़ी थी और मोबाइल फोन होने की वजह से मैंने वह फोन बंद करवा दिया था 'आभा के पिताजी ने कहा।

'मेरे शक को यकीन में बदलने के लिए मैंने समय से मिलने के लिए आभा के सामने प्रस्ताव रखा और वह मान गयी। समय से मिलने जब हम लोग पार्क पहुँचे तो आभा ने पार्क के एक कोने की तरफ इशारा करते हुए कहा कि समय वहाँ खड़ा उसके लिए इंतजार कर रहा है पर वहाँ कोई भी नहीं था। पूरा पार्क सुनसान पड़ा था। मैंने समझ लिया कि आभा की तबियत ठीक नहीं है। उसे समय दिखाई दे रहा था पर मुझे नहीं। फिर भी मैंने समय से बात करने का दिखावा किया। अगर मैं यह बात आभा से कहता की समय मुझे दिखाई नहीं दे रहा है तो वह परेशान हो जाती।

इसलिए मैंने फैसला किया धीरे-धीरे, आहिस्ता-आहिस्ता समय को आभा के जीवन से दूर करना चाहिए। आभा के दिमाग ने ही समय को जन्म दिया था तो वही समय को मिटा सकता था। मैंने आप दोनों से ही यह बात छुपायी और आप लोगों से समय के बारे में झूठ कहा ताकि आप लोग आभा को समय से दूर रहने की सलाह दे। पर अब लगता है आप लोगों से यह बात मुझे छुपाना नहीं चाहिए थी।

एक डॉक्टर होने के नाते मैं आभा को इस चक्रव्यूह से बचाना चाहता था। पर आभा के साथ बाद में यह जो कुछ हुआ इतने जल्दी हुआ कि मुझे उसे मदद करने का मौका तक नहीं मिला।

उस दिन आई.सी.यू. में आभा ने समय को देखा तब मुझे लगा कि आभा को शायद उसके गलतफहमी के साथ छोड़ देना चाहिए की समय है और वह आभा से बेहद प्यार करता है।

अब आभा अपने समय के पास है और बहुत खुश है। अफ़सोस तो यह है कि मेरा प्यार समय के प्यार के सामने कम पड़ गया

और मैं आभा को मौत से नहीं बचा पाया' कहते कहते अभय के चेहरे पर आंसूओं की धारायें बहने लगी। 'अब मुझे चलना चाहिए। आप लोगों को कभी किसी चीज़ की ज़रूरत हो, तो प्लीज मुझसे कहिए। मैं आप लोगों से मिलने फिर आऊँगा' कहते हुए अभय वहाँ से चला गया।

पता नहीं अभय की बातों में कितनी सच्चाई थी। कौन था यह 'समय' जिसने आभा को इतना प्यार किया। समय जो आभा के दिलो दिमाग पर पूरी उम्र छाया रहा।

लोग कहते हैं जहां आभा का पहली बार एक्सीडेंट हुआ था उस जगह पर काफी लोगों की अलग-अलग अपघातों में मौत हुई थी। क्या समय उन में से कोई एक था।

आभा के स्कूटर का जिस कार से एक्सिडेंट हुआ था उस कार को चलाने वाला इंसान, उसकी मौत भी उसी अपघात में हुई थी। क्या समय वही था?

जो परछाई आभा हमेशा अपने आस-पास महसूस करती क्या वह समय ही था। समय जो आभा के हर वक़्त साथ रहना चाहता था उसे तकलीफों से, मुश्किलों से बचाना चाहता था।

कुछ चीज़ें हमारी कल्पनाओं से परे होती है जिसे हम लोग शायद ही कभी समझ पायेंगे।

www.ingramcontent.com/pod-product-compliance
Lightning Source LLC
La Vergne TN
LVHW101947220826
846093LV00006B/135

* 9 7 8 1 6 3 6 3 3 5 6 9 8 *